I0245360

TU FELICIDAD,
SU MAYOR REGALO

TERESA VITALLER GONZALO

TU FELICIDAD, SU MAYOR REGALO

Atrévete a vivir la vida que deseas
y enseña a tus hijos
a ser felices con tu ejemplo

Nota a los lectores: Esta publicación contiene las opiniones e ideas de su autor. Su intención es ofrecer material útil e informativo sobre el tema tratado. Las estrategias señaladas en este libro pueden no ser apropiadas para todos los individuos y no se garantiza que produzca ningún resultado en particular. Este libro se vende bajo el supuesto de que ni el autor, ni el editor, ni la imprenta se dedican a prestar asesoría o servicios profesionales legales, financieros, de contaduría, psicología u otros. El lector deberá consultar a un profesional capacitado antes de adoptar las sugerencias de este, la integridad de la información o referencias incluidas aquí. Tanto el autor, como el editor, la imprenta y todas las partes implicadas en el diseño de portada y distribución, niegan específicamente cualquier responsabilidad por obligaciones, pérdidas o riesgos, personales o de otro tipo, en que se incurra como consecuencia, directa o indirecta, del uso y aplicación de cualquier contenido del libro.

Este libro no podrá ser reproducido, ni total ni parcialmente, sin previo permiso escrito del autor. Todos los derechos reservados.

Título: *Tu felicidad, su mayor regalo*
© 2019, Teresa Vitaller

Autoedición y Diseño: 2019, Teresa Vitaller

Primera edición: noviembre de 2019
ISBN-13: 978-84-18098-45-1

La publicación de esta obra puede estar sujeta a futuras correcciones y ampliaciones por parte del autor, así como son de su responsabilidad las opiniones que en ella se exponen.

Quedan prohibidas, dentro de los límites establecidos por la ley y bajo las prevenciones legalmente previstas, la reproducción total o parcial de esta obra por cualquier medio o procedimiento, ya sea electrónico o mecánico, el tratamiento informático, el alquiler o cualquier forma de cesión de la obra sin autorización escrita de los titulares de copyright.

ÍNDICE

Inntroducción 11
Presentación de la autora 15

PARTE 1: EL TESOROR DE TU CORAZIÓN

1. Los ingredientes para ser feliz 31
2. El cuento de tu vida 35
3. Test de entusiasmo por la vida 49
4. ¿Por qué parece que la felicidad se me escapa? 55
5. La llave de la felicidad 61
6. Conecta con tu niño interior 65
7. Valora lo que posees 69
8. Busca tu verdad 73
9. Abandona el reencor 79
10. Perdona y pide perdón 83
11. Sé auténtico 87
12. Sé valiente 91
13. Dale la espalda a la culpa 95

PARTE 2: DESCUBRE TU PASIÓN Y COMPÁRTELA CON EL MUNDO

14. Dirige la mirada hacia tu interior. 105
15. Abre tu mente a nuevas posibilidades 111
16. Deja emerger a la luz tus talentos 115
17. Cambia el enfoque 123
18. Ves a lo más profundo de tu ser. 127

19. Usa tu poder interior.............................133
20. ¿Cómo puedo ayudar a los demás?...............137
21. Elige siempre el amor..........................141

PARTE 3: NO DEJES DE CRECER

22. Hazte responsable de tu vida....................149
23. Sigue aprendiendo..............................153
24. Aprovecha cada ocasión........................159
25. Aprende a dejar ir.............................165
26. Deja entrar lo nuevo en tu vida..................171
27. Apuesta por ti.................................175
28. Ves tras las pistas.............................181
29. Sube tu nivel de exigencia......................185
30. Crecimiento espiritual..........................191
31. Madura y sé un buen ejemplo...................197

PARTE 4: PASA A LA ACCIÓN

32. Elige bien tu deseo.............................207
33. Establece un plan claro........................211
34. Deja actuar a la inspiración....................217
35. Despliega tu potencial.........................221
36. Aprende a gestionar el tiempo..................223
37. Disfruta la vida................................231

INTRODUCCIÓN

"Felicidad es cuando lo que piensas, lo que dices y lo que haces, está en armonía"

(Mahatma Ghandi)

Bienvenido de nuevo, estoy muy feliz de volver a compartir contigo estas páginas y continuar el fabuloso viaje hacia el conocimiento de ti mismo para poder dar lo mejor a tu familia.

Solamente el que se conoce realmente y tiene el valor de seguir sus sueños, es capaz de vivir una vida auténtica.

Como padre o madre, tu mayor deseo es ver felices a tus hijos. Saber que están creciendo de la manera adecuada y que en el futuro tendrán los recursos para vivir una vida plena. En el camino uno suele olvidarse de sus propias aspiraciones, para concentrarse en darles lo mejor de sí mismo, y esto a veces se confunde con ocuparse únicamente de trabajar y hacer sacrificios para la familia.

¿Cómo puedes pretender que tus hijos sean felices si ellos mismos se dan cuenta de que sus padres no lo son?

El problema es que andas buscando la felicidad en los lugares equivocados, y esperas que sean las personas, el dinero, el éxito o las circunstancias los que te hagan feliz, y la verdad es que, ninguna de esas cosas proporciona una felicidad duradera.

La verdadera felicidad, querido lector, está dentro de ti. Por lo tanto, no puede estar conectada a ningún tipo de experiencia externa, sino que más bien, se trata de un estado interior natural.

Todos llevamos dentro a ese niño feliz que fuimos un día, aquel que sabe lo que es bueno para ti. Observa a tus hijos jugar y vivir el momento presente, aprende de su sabiduría.

Ellos no son felices por la ropa que llevan, por lo bonita que es su casa, o por la cantidad de juguetes que poseen, sino que su felicidad es innata. Incluso cuando se enfadan, tienen la capacidad de volver a reír y disfrutar en pocos instantes, porque sus corazones son puros, y no albergan reencor ni recuerdos negativos.

Tu verdadera naturaleza es ser feliz, pero cuanto más te alejas de tu verdadera esencia, de lo que amas realmente y de lo que un día te fue donado por derecho de nacimiento, más infeliz eres.

Pones tu esperanza en el hecho de que serás más feliz cuando te asciendan en el trabajo, cuando tus hijos crezcan y tengas más tiempo libre, cuando te compres una casa más grande o un coche mejor, y finalmente cuando consigues esas cosas, te das cuenta de que todavía no eres feliz.

Entonces empiezas a buscar la felicidad en otras cosas diferentes, como viajes por el mundo, amistades distintas... y no te das cuenta de que nunca la alcanzarás por esa vía, porque ser feliz no depende del apego a nada ni a nadie.

Cultivar tu propia felicidad y bienestar, en realidad, es dar motivos a tus hijos para ser felices, porque los niños buscan constantemente referencias y modelos en sus padres.

Cuando te sientes satisfecho con la vida y contigo mismo, te resulta mucho más fácil ser amable y educar bien a tus hijos respecto a cuando te sientes frustrado y oprimido por las circunstancias. En esos días grises, por mucho que te esfuerces, te cuesta mucho más trabajo mantener el equilibrio y ser un buen modelo para ellos.

Si me lo permites, quiero guiarte para que consigas los niveles de satisfacción y entusiasmo que te mereces. Quiero ayudarte a que sigas descubriendo a tu niño interior y entiendas para qué viniste a este mundo, ya que cada ser humano llega con una meta clara, y solamente a través de su realización, conseguimos alcanzar la felicidad auténtica.

¿Cuántas veces te has sentido frustrado al no poder dedicarte a hacer lo que te apasiona y sientes que la vida está cargada de obligaciones?

Déjame decirte que la vida no ha sido diseñada para sobrevivir, sino para vivirla plenamente, dedicándote a aquello que te hace sentir vivo.

Nunca es demasiado tarde para replantearte algunas cosas si es tu felicidad y la de tu familia la que está en juego.

Porque aquí no se trata solamente de que tú seas feliz, sino de que transmitas esa felicidad a tus hijos y les des el testimonio de una vida plena y auténtica.

Tu felicidad, es la felicidad de tus hijos, porque ellos buscan en ti el ejemplo de cómo hay que vivir. Por eso se trata de una responsabilidad, no del deseo de ser feliz para tu proprio bienestar, sino para el de toda la familia.

Estoy entusiasmada de poder acompañarte en este maravilloso trayecto de autodescubrimiento en el que vas a encontrar la respuesta a muchas preguntas que seguramente llevas tiempo haciéndote.

Quiero darte la esperanza de que es posible cumplir tus sueños, siempre y cuando creas lo suficiente en ellos y tengas un motivo lo bastante grande como para superar todos los obstáculos que irán apareciendo en el camino.

Vivir las relaciones que deseas, dedicarte a lo que te apasiona y dejar tu huella en esta vida es posible para ti, porque es el verdadero sentido de la existencia humana: dejar lo mejor de nosotros mismos a las personas que estuvieron a nuestro alrededor.

Tú puedes lograrlo y vivir de la manera que siempre has deseado, para dar a tus hijos la mejor enseñanza que puedan aprender en la vida: **se puede ser feliz viviendo en base a lo que dicta el corazón.**

Comenzamos esta aventura en la que ya te adelanto que voy a tocar algunos temas que quizás te resulten algo incómodos, pero que son necesarios para tu evolución hacia una vida más satisfactoria y plena en todos los sentidos.

Te dedico desde lo más profundo de mi ser todo lo que viene a continuación.

¡Por tu felicidad y la de tus hijos!

PRESENTACIÓN DE LA AUTORA

Te cuento un poco más sobre mi historia para que puedas conocerme mejor, y hacerte una idea más real de la persona que ha escrito este libro.

Como ya te he contado, soy madre de dos niños pequeños, de dos y cuatro años, y estoy casada con un chico italiano, motivo por el cual vivo en Sicilia desde hace 10 años. Nos conocimos en la Universidad de Zaragoza, ya que él realizaba una experiencia "erasmus" en mi ciudad.

Tras acabar la carrera, vivimos otro año en España, pero después de dejar mi trabajo como auditora, decidimos venir a vivir a Italia para trabajar en la empresa familiar. La decisión fue tan acertada como difícil.

Hoy miro hacia atrás, y me doy cuenta de que fue lo mejor que pudimos hacer, porque a raiz de aquella arriesgada decisión, hoy disponemos de un nivel de vida muy satisfactorio, gracias a la dedicación y empeño que pusimos en el proyecto.

Conseguimos levantar una empresa que estaba al borde de la quiebra, y hoy podemos disfrutar los frutos de todo lo que hemos cosechado en estos años.

Pero esto no fue a cualquier precio, para poder conseguir este resultado, renuncié a estar cerca de mi familia y mis amistades, dije adiós a mi adorada tierra y pasé por numerosas dificultades de adaptación.

Hubo momentos en los que estuve a punto de tirar la toalla y volver a casa, pero aguanté porque creía en mi relación, y en que un día construiríamos una maravillosa familia con la que podríamos disfrutar de todo aquello que estábamos creando.

Todo lo que he obtenido en la vida no ha sido fácil, y es precisamente por eso que lo valoro tanto ahora. Tuve una infancia normal, pero durante los primeros años de mi vida, pasé mucho tiempo junto a mis abuelos maternos, experiencia de la cual conservo muy buenos recuerdos, pero me marcó la figura autoritaria de mi abuelo en diversos aspectos de mi carácter.

De pequeña era muy tímida, y el entorno en vez de ayudarme a superar la timidez, me hacía pesar más ese aspecto de mi carácter, como si fuera un defecto. Todo eso contribuyó a desarrollar un sentimiento de inferioridad, como si hubiera algo equivocado en mi.

Además, mis padres pasaron por numerosas dificultades económicas, y desde muy joven aprendí que debía ganarme yo misma aquello que deseaba, porque no tenía la suerte de algunas amigas, a las que sus padres les daban todo hecho.

En realidad, todo aquello, fue mi mayor bendición, porque gracias a esas experiencias, desarrollé mi afán de superación y aprendí a no conformarme con lo que las circunstancias me ofrecían, sino a ir un paso más allá y desafiar a la vida, arriesgando más que nadie.

Tras ser madre, pasé por una crisis personal en la cual

había perdido completamente mi identidad, y sentía que iba hacia adelante por inercia, pero sin ningún tipo de pasión o entusiasmo por la vida.

Fui valiente y escuché a mi corazón, estableciendo que no quería eso en mi vida, porque yo era mucho más que los problemas y limitaciones de mi mente.

Rompí con todos los patrones del pasado, y me convertí en una nueva persona, la madre que mis hijos se merecen, y no aquella persona llena de dudas y complejos, que arrastraba una herencia emocional de la que debía desprenderse para avanzar en la vida.

El motivo por el que escribí mi trilogía eres TÚ. Quiero darte una esperanza, y que no pases por las tinieblas que tuve que atravesar para llegar a ser quien soy hoy.

Estoy comprometida con todos los padres que quieren mejorar para dejar un mundo mejor a sus hijos, y mi misión es acompañarte en tu proceso de transformación.

Durante la crianza de mis hijos estuve sola, porque con mi familia lejos, y mi marido trabajando todo el día, no tenía prácticamente ayuda de nadie.

Pero en realidad, ese desafío supuso mi verdadera fortaleza, porque fue cuando realmente entendí todo el potencial que llevo dentro y lo saqué hacia fuera.

Con mis libros, mi intención es **ayudarte a descubrir tu verdadero potencial y que eduques a tus hijos desde TU ESTILO**, no desde el mío, el de tus padres, o el de tus amigos, ya que solo cada padre y cada madre saben lo que es mejor para sus hijos.

En ellos no vas a encontrar lo que normalmente se lee en los libros de crianza o educación. Este no es otro libro más, sino que es la guía de todo aquello que deberías hacer para que te fuera bien y nadie te ha contado.

Puede que haya cosas que te choquen, porque socialmente no son muy populares, o simplemente porque casi nadie habla de lo que te voy a contar.

Quiero ayudarte a que tengas los recursos adecuados para que te sientas capaz de superar con éxito todos los retos con los que te vas a encontrar en vuestra aventura.

Espero que todo lo que te voy a contar te sea útil, y sobre todo que os ayude a vivir una vida plena y satisfactoria.

Recuerda que mi propósito eres tú y tu familia. Deseo de todo corazón que podáis vivir de la manera que os merecéis: desde la libertad y el amor.

¿Cómo puede ayudarte la lectura de este libro?

En las siguientes páginas vas a encontrar lo que me hubiera gustado leer en aquellos momentos en los que no sabía muy bien cómo proseguir mi camino y necesitaba una guía para tomar una dirección en mi vida.

Mi misión con este libro es ayudarte a entender que la verdadera felicidad se halla dentro de ti y puedas ser una inspiración para tus hijos. Quiero ayudarte a recuperar esos sueños que un día escondiste en la habitación oscura del olvido y con el inmenso poder que reside en ti, los realices y tengas la existencia que te mereces.

¿Porqué es importante tener sueños en la vida?

Bien, para empezar, porque es algo que expresa tu

autenticidad, y por otro lado, es tu derecho realizarte como persona. Más allá de ser madre, padre, pareja, hijo, hija... tú eres una persona única y especial, con una serie de talentos y capacidades, y te mereces realizarte como ser humano y vivir una vida plena.

Durante la lectura del libro te voy a ir proponiendo una serie de ejercicios que te ayudarán a afianzar más los conceptos que iré explicando. Por eso te vendría bien tener a mano un cuaderno y un bolígrafo para ir anotándolos.

Con tu permiso, te voy a guiar en este proceso de búsqueda interior, para que descubras qué es lo que te hace más feliz en esta vida y cómo puedes utilizarlo para contribuir en el mundo.

Bienvenido al viaje hacia tu felicidad, donde vamos a llegar hasta el origen, para rescatar esos sueños puros que residen en tu corazón y esperan salir a la luz para ser cumplidos.

Estoy muy feliz por ti, querido lector, por darte esta oportunidad para crecer y evolucionar en la vida. Prometo darte el máximo en las páginas que vienen a continuación, porque mi misión es ayudarte a expandirte, para que entre todos creemos un mundo mejor y dejemos a nuestros hijos un legado de felicidad y esperanza.

TENGO UN MENSAJE IMPORTANTE PARA TI

Antes de comenzar nuestro camino, quiero decirte algo que necesitas escuchar. Es algo que tu hijo quiere decirte, es un mensaje que procede de lo más profundo de su ser.

No importa si todavía no sabe hablar, porque a través de tu mirada puede leer lo que pasa en tu interior. A él no puedes engañarle, porque es parte de ti, por eso los niños perciben antes que nadie cuando a sus padres les pasa algo, porque están conectados a su corazón. Este es el mensaje que te está esperando :

"Mamá, papá, estoy muy orgulloso de ti. Eres la persona más importante de mi vida y por eso quiero decirte algo:

Sé que te preocupas por mí más que nadie en este mundo, pero ¿qué hay de ti?, ¿quién se preocupa por ti? A veces observo tu rostro cansado, abatido, aún cuando crees que no me doy cuenta, yo estoy siempre atento a tus reacciones. Y me pregunto cuál es el motivo, si tal vez soy yo la causa de tus problemas o quizás alguien te hizo daño. Quisiera entender pero no puedo...

Me gustaría poder cuidarte cuando no estás bien, como tú haces conmigo, y te levantas en medio de la noche para controlar mi temperatura y traerme un vaso de agua, cuando das un beso a mis heridas y por arte de magia dejan de doler, o cuando eres capaz de esconder tu tristeza y regalarme una sonrisa aunque te duela el corazón.

Pero todavía no sé como hacerlo, y la mejor manera

que se me ocurre es acariciar suavemente tu mano y buscar esa sonrisa de complicidad que necesito tanto como el aire que respiro...

Quiero que sepas que necesito verte feliz para sentirme seguro y poder crecer bien. No podría soportar el peso de saber que dejaste de ser lo que querías por mí, y además me hace falta ver con tu ejemplo que en la vida se pueden cumplir los sueños.

Debes saber que no me importa demasiado si la casa está perfectamente ordenada, si cocinas durante horas para deleitar mi paladar, o si mi armario está lleno de ropa de marca y mis estanterías repletas de juguetes.

Más bien, necesito saber que eres feliz y que tu vida tiene un sentido, para poder dar un sentido yo a la mía. Necesito saber que disfrutas de la relación conmigo, para poder disfrutar de mis relaciones con los demás. Necesito saber que te amas lo suficiente, para poder amarme yo también.

Y sobre todo necesito ver sonrisas en tu cara, oir palabras amables y dulces salir de tu boca, recibir enseñanzas basadas en el amor, el respeto y la libertad.

Porque serán esos recuerdos los que construirán mi fortaleza, y cuando en el futuro me enfrente a las tempestades de la vida, podré mirar al miedo cara a cara y decirle: no me asustas, y no me vas a detener, porque un día alguien me enseñó a ser valiente y seguir mi corazón. Gracias mamá, gracias papá. Te amo."

PARTE 1:

EL TESORO DE TU CORAZÓN

"Eres mucho más grande de lo que crees y hasta que no te valores por ser quien eres realmente, cada esfuerzo por alcanzar la felicidad será en vano"

Teresa Vitaller Gonzalo.

"Si un hombre no sabe que puerto busca, cualquier puerto es bueno"

(Séneca)

Querido lector, estoy entusiasmada por emprender juntos el camino hacia tus sueños. Quiero ayudarte a que tengas una vida plena y llena de realización personal.

Viniste a este mundo con el propósito de descubrir cuáles son tus dones y ponerlos al servicio de los demás. Eso es lo que te va a dar la felicidad auténtica y duradera, porque no depende de ninguna circunstancia externa, sino de lo que hagas de ellos.

Las personas cambian, tus hijos crecerán y vivirán su propia vida, los objetos materiales se deterioran, pero tu entusiasmo por la vida, si le das un sentido, no se estropeará nunca, porque sabes que estás viviendo con una finalidad clara.

Si dejas tu vida en manos del azar y no tomas las riendas, vas a obtener resultados muy insatisfactorios.

Como vimos en el primer tomo de la trilogía, lo primero es obtener claridad sobre lo que quieres en tu vida, y hacia donde te quieres dirigir. De lo contrario, corres el riesgo de acabar viviendo la vida de otra persona, y sentirte un verdadero extraño cuando te miras al espejo.

El problema es que muchas veces, uno no sabe lo que quiere porque sencillamente no se lo ha planteado o simplemente porque lo ha enterrado en el olvido.

Te limitas a seguir hacia adelante cumpliendo con tus obligaciones, y terminas por olvidarte completamente de tus aspiraciones y sueños de un día.

Acabas olvidando lo que deseas, porque tu entorno te dice que perseguir sueños es de inconscientes, que en la vida lo que hay que hacer es buscar estabilidad con un trabajo, y terminas por creerles y firmas tu sentencia de muerte al renunciar a tus deseos auténticos por una "falsa felicidad".

Al cabo de unos años, te sientes atado de pies y manos a una vida que no elegiste con el corazón, y piensas si realmente merezca la pena. Llevas mucho tiempo contándote una historia de limitación a ti mismo para no salir de la zona de seguridad que te mantiene "a salvo".

Pero déjame decirte algo:

"De nada sirve al pájaro estar en una jaula de oro cuando lo que necesita es volar"

Bienvenido a este viaje hacia la búsqueda de tu felicidad, en el que te voy a guiar paso a paso, para que descubras cuáles son tus talentos, identifiques tu cometido en esta vida y pases a la acción.

Enhorabuena por empezar este camino, te aseguro que no volverás a ser la misma persona si sigues todas las indicaciones que te voy a dar.

Te deseo, desde lo más profundo de mi ser, que puedas conocerte a fondo y descubrir quién has venido a ser, porque es el mayor privilegio que una persona puede tener en esta vida:

> **Vivir sabiendo quién eres y hacia dónde vas**

Si me dejas, voy a guiarte en este proceso para que entiendas porqué todavía no has conseguido alcanzar tus sueños y cómo puedes lograrlo finalmente.

Debes hacerlo no solo por ti, sino también por tus hijos, especialmente por ellos. No solo serás más feliz viviendo con un propósito, sino que les ayudarás a crear una idea de la vida esperanzadora, porque si sus padres han logrado vivir la vida que deseaban, ellos también podrán.

Para tus hijos, lo más importante en la vida es saber que sus padres son felices, es más, si te fijas, notarás que buscan constantemente pruebas de tu felicidad: analizan tus expresiones, preguntan si estás triste o enfadado en cuanto perciben algo distinto, se preocupan por saber si estás bien...

Para ellos, eres un espejo, así que tienes que entender que no pueden ser felices si no lo eres tú también.

Visto desde esta perspectiva, no parece algo egoísta, como a veces nos dan a entender, sino más bien todo lo contrario.

TU FELICIDAD ES SU FELICIDAD

No puedes dar lo que no tienes, así que si deseas para ellos una vida feliz, comienza por serlo tú.

Deja de aplazar tu felicidad y ¡empieza a serlo hoy!. Cada nuevo día tienes una oportunidad más para ser feliz. ¿Hasta cuándo vas a posponerlo? Toma las riendas de tu vida y dirígete hacia la vida de tus sueños.

Para ello, vamos a darle la vuelta a todas las creencias que te han estado frenando hasta ahora, para descubrir cuál es el tesoro que reside en tu interior y que espera ser descubierto.

Vamos a seguir escuchando el mensaje de tu niño interior para que nos indique al camino y seguiremos limpiando las heridas del pasado, ya que es un trabajo continuo, que se realiza durante todas las fases de la vida.

Estoy muy emocionada de poder comenzar este camino junto a ti, y es un privilegio para mí poder mostrarte todas las claves para ser libre y elegir por fin con el corazón la vida que deseas. Te veo enseguida...

1

LOS INGREDIENTES PARA SER FELIZ

Seguramente te estés preguntando qué hace falta para alcanzar esa deseada felicidad que todos buscamos en la vida. Debes saber que no existe una fórmula predefinida porque cada ser humano es diferente, pero sí hay una serie de factores necesarios para poder edificar tu vida sobre la alegría y la serenidad:

Amor:

Todo ser humano necesita dar y recibir amor. Pero en primer lugar tienes que amarte a ti mismo. Esa es la base de cualquier relación humana. Tienes que aportar algo a la otra persona, porque tú ya te sientes completo contigo mismo.

No necesitas ninguna pieza para completar el puzzle de tu corazón, sino que vas a una relación, ya sea de pareja, de amistad, con tus hijos… para darles todo el amor que llevas dentro, y para que ellos también te aporten, y puedas seguir creciendo y evolucionando.

Equilibrio:

Es fundamental sentir que en tu vida hay una estabilidad: el universo, la naturaleza, buscan el equilibrio de todos los sistemas constantemente, por eso cuando te alejas de tu epicentro, te sientes confundido, perdido...

El objetivo debe ser volver a encontrar siempre el equilibrio en todos los sentidos: físico, emocional, relacional..., pero sin perder de vista tu verdadera esencia y no dejándote atrapar por estereotipos, sino manteniendo tu individualidad y libertad por encima de todo.

Propósito:

Las personas necesitan saber que su existencia tiene un sentido y que están contribuyendo a realizar algo más grande de sí mismos.

En caso contrario, te estás conformando, y adaptándote a las circunstancias para garantizar tu supervivencia, pero desde luego no se puede decir que estés viviendo plenamente. Sobre esto profundizaremos mucho más en los siguientes capítulos.

Crecimiento:

El último ingrediente necesario para que la felicidad sea duradera es sentir que estás evolucionando y mejorando como persona. No sirve de mucho lograr un objetivo y quedarse estancado. Una vez más, la naturaleza nos revela los secretos de la vida, mostrándonos que todo está en constante crecimiento: los árboles, los animales, las plantas, el universo... el cual se expande cada vez más y más.

Por lo tanto, lo que no está creciendo, está condenado a morir o desaparecer. Así que cuando logras algo en tu vida, debes pasar a un nivel superior y no quedarte estancado, de lo contrario puedes acabar perdiéndolo.

En el primer libro de la trilogía, hiciste un profundo trabajo sobre los dos primeros aspectos. Vamos a continuar trabajándolos para reafirmar tu autoestima y tu estabilidad emocional, y nos centraremos en tu propósito y crecimiento, como bases de tu realización personal.

Debes saber que hay algo que te está impidiendo lograr aquello que tanto anhelas, seguramente estés imaginando el qué. Vamos a recordarlo para asegurarnos que empezamos el camino hacia la realización de tus sueños con las bases adecuadas.

2

EL CUENTO DE TU VIDA

"Hasta que no establezcas que eres el único protagonista de tu vida, siempre habrá algo o alguien que te roben el papel principal"

Teresa Vitaller Gonzalo.

En la vida has creado una imagen que no corresponde con tu verdadera esencia, has estado limitando durante mucho tiempo tu verdadero potencial, diciéndote que no eras capaz de conseguir lo que quieres en la vida. En tu cuento, hay tres protagonistas principales, que son:

- Tus creencias limitantes.
- Tu falta de autoestima.
- La opinión de los demás.

Son precisamente estos factores los que han estado frenando tus ganas de vivir la vida intensamente y de perseguir tus deseos más auténticos.

Puede que pienses que no posees ningún talento especial, debes saber que no es así. TODOS y cada uno de los seres humanos poseen la habilidad natural de hacer algo muy bien.

Si en tu caso no sabes bien cuál es ese talento, no te preocupes, lo veremos más adelante. Por el momento me interesa que entiendas el motivo por el cual no te has atrevido todavía a perseguir tus sueños, y cómo se puede remediar.

Vamos a ir viendo uno a uno estos factores, para que tomes conciencia del papel tan importante que juegan en tu vida, y para que desde la conciencia de tu nuevo Yo, seas capaz de volver a ser el protagonista de tu historia. Has estado mucho tiempo siendo un actor de reparto, es hora de volver a recuperar el papel principal, porque Alguien te lo dio un día, no lo olvides.

El guión de tu vida no está escrito, pero si no tomas el control y defiendes lo que es tuyo, vendrán otros a decirte cómo vivirla.

TUS CREENCIAS LIMITANTES

"Cuestionar nuestras creencias más arraigadas requiere de mucho coraje, porque implica aceptar que hemos podido estar equivocados toda la vida"

David Fischman

Como ya sabes, tus creencias son heredadas, no tienen nada que ver con tu verdadero Ser, pero llevan tanto tiempo en tu subconsciente, que se han vuelto convicciones.

Es decir, estás convencido de que una cosa es así y punto, y a menos que no estés dispuesto de verdad a cambiar, no vas a reunir la energía suficiente como para modificar esa convicción.

Es muy importante que entiendas esto: no basta con quererlo, hay que esforzarse cada día, por luchar contra las convicciones que dirigen tu vida y te ponen límites constantemente, determinando tu radio de acción.

Ellas te dictan lo que puedes o no puedes hacer. Y tú obedeces, porque al no tomar el control de manera consciente, funcionas con esa programación mental.

> **Piensa en cuantas cosas estás perdiéndote en tu vida al no establecer que eres el único protagonista.**

Esas creencias hablan del pasado, de los límites de tus padres, de tus abuelos, de tus bisabuelos, de tus maestros, de tus compañeros de colegio... pero no hablan de ti y de tus sueños.

Para ellos hay un rincón muy especial reservado en tu interior, ese lugar sagrado al que puedes acceder solamente cuando entras en contacto con tu verdadera esencia.

> **Cuando te liberas de todos los pensamientos y te vacías, entras en contacto con la Fuente, y en ese espacio íntimo de conexión contigo mismo, eres capaz de ver con claridad QUIÉN ERES.**

Debes conectarte a ese manantial de vida, donde los límites no existen y eres capaz de realizar cualquier cosa que te propongas.

Si vas al origen, al centro de tu ser, descubrirás que hay mucho más de lo que nunca has imaginado, y que tus pensamientos son el obstáculo más grande que vas a encontrar en la vida para conseguir tus sueños.

> **No hay nada fuera de ti que no te permita alcanzar lo que deseas si consigues alinear tus pensamientos al deseo de tu corazón.**

Todo empieza y acaba en ti. Pero para que vuelvas a tomar el timón de tu vida y empieces a moverte en la dirección adecuada, necesitas deshacerte de las cadenas mentales que te tienen atado a esas convicciones limitantes.

¿Te suena familiar alguna de éstas?

- No se puede trabajar en lo que te gusta de verdad, eso es solo para unos pocos afortunados
- El éxito te lleva a tener más preocupaciones y problemas.
- Es muy difícil llegar a alcanzar tus sueños.
- No merece la pena esforzarse para conseguir algo imposible.
- No soy capaz de lograrlo.
- No tengo las habilidades necesarias.
- Si fracaso, ¿que haré después?

Y muchas más que te habrán venido a la cabeza, ¿me equivoco?

Con esa forma de pensar, es normal que no se consiga avanzar en la vida, y te quedes siempre en los mismos resultados.

¿Todavía te preguntas porqué algunas personas logran vivir la vida de sus sueños y otras no?

Sencillamente, las de la primera categoría se han deshecho de todas esas limitaciones y han empezado a seguir su instinto, dirigiendo la mirada hacia el interior y buscando dentro de sí mismos el gran potencial que poseen y lo han puesto al servicio de la humanidad.

Las personas que pertenecen a la segunda categoría, son esclavas de sus propias convicciones y se han alejado tanto de su verdadera esencia, que les cuesta mucho trabajo creer que son capaces de crear algo grande en su vida.

Fíjate en los niños, creen que son capaces de lograr cualquier cosa, su imaginación es infinita y construyen en su mente creaciones maravillosas.

Mi hijo me dice a menudo que "sabe volar"", y me cuenta como en sueños, es capaz de emprender el vuelo simplemente levantando los pies del suelo y diciendo a su mente de volar.

Yo tenía ese mismo sueño de pequeña, y quizás tú también lo tuvieras, porque es bastante habitual en la infancia. Recuerdo perfectamente la sensación de volar por el pasillo de mi casa y dirigir mis movimientos a través de la mente a mi antojo.

Eso es una metáfora del poder que el ser humano lleva dentro, para dirigir sus acciones hacia donde desea a través del pensamiento.

Los niños tienen mucha facilidad para usar este poder, porque no están contaminados todavía por el sistema de creencias con el que cargamos los adultos.

Tú puedes recuperar ese poder si dejas de ser una marioneta controlada por tus convicciones, y te decides a dirigir tu atención hacia lo que deseas de verdad.

Te darás cuenta de que <u>la creatividad y las ideas, se encuentran dentro de ti.</u> No debes buscar nada fuera. Puede que algo te inspire, tal vez estas líneas que estás leyendo, pero no va a haber nada ni nadie que te traiga la respuesta a lo que andas buscando. <u>Solamente tú conoces la respuesta y solamente tú puedes encontrarla.</u>

LA FALTA DE AUTOESTIMA

"Hasta que no te valores a ti mismo, no valorarás tu tiempo. Hasta que no valores tu tiempo, no harás nada con él "

(M. Scott Peck)

El principal motivo por el cual no te has atrevido todavía a seguir los impulsos de tu corazón es porque **en el fondo no te crees capaz de conseguir lo que deseas**.

Esas mismas creencias limitantes que hablan de escasez, te están diciendo que no puedes hacer algunas cosas, porque alguien te dijo alguna vez que no valías para algo, o a lo mejor porque no te dijeron las suficientes veces que te querían y que podías lograr lo que quisieras en la vida.

Es fundamental amarse, y amarse mucho, porque solo de esa forma te das cuenta del increíble regalo que recibes cada día cuando te despiertas por la mañana y tienes una nueva oportunidad de comenzar.

<u>Solamente quien se ama de verdad es capaz de reconocer el valor del tiempo y de que cada día puede construir algo maravilloso en su vida.</u>

Quiero asegurarme de que tus niveles de autoestima son los adecuados antes de continuar, porque **creer en ti mismo es la base de todo**.

Si tú no crees en tus ideas y en el valor que tienes, nadie va a apoyarte. Convéncete a ti mismo de que eres capaz de conseguir todo lo que te propongas y que tu valor es inmensurable. No hay nadie como tú, **eres ÚNICO E IRREPETIBLE.**

En el primer tomo, sanaste a tu niño interior, y aceptaste el pasado, perdonando a tus padres y a todas las personas que te hicieron daño, para poder evolucionar y mirar al futuro con optimismo. Identificaste esas cadenas y las rompiste para sustituirlas con cualidades potenciadoras, las que en realidad tienes y siempre debieron decirte.

Ahora vamos a trabajar en esas cualidades para aumentar tu autoestima. Te propongo que repitas esas cualidades que escribiste y que añadas 5 más. Piensa que 10 son muy pocas, tienes muchas más cosas buenas, pero vayamos paso a paso:

- Cualidad potenciadora 1:
- Cualidad potenciadora 2:
- Cualidad potenciadora 3:
- Cualidad potenciadora 4:
- Cualidad potenciadora 5:
- Cualidad potenciadora 6:
- Cualidad potenciadora 7:
- Cualidad potenciadora 8:
- Cualidad potenciadora 9:
- Cualidad potenciadora 10:

Vas a repetirte cada día esas cualidades que posees

delante del espejo, y también las vas a poner por escrito en tu diario, de forma que vas a coaccionar a tu subconsciente por diversos canales, para ganarle la batalla y repetirle que **TÚ VALES, PUEDES Y LO VAS A HACER.**

Otro motivo por el cual te falta autoestima a veces, es porque **no completas lo que empiezas**, y esto te hace perder la confianza en ti mismo. Lo sé perfectamente porque a mí también me pasaba.

Comenzaba un nuevo proyecto con mucha ilusión, pero al cabo de un tiempo abandonaba y me embarcaba en otra cosa nueva, y así iba vagando sin un rumbo claro, lo cual me generaba mucha insatisfacción. La verdad es que esos proyectos no provenían de los deseos de mi corazón y por eso tenía la tentación de abandonar.

Cuando encuentras aquello que es para ti, aunque haya dificultades sigues adelante, resistes y usas ese aprendizaje para mejorar tus habilidades y evolucionar más rápidamente.

"El hombre se autorrealiza en la misma medida en que se compromete al cumplimiento del sentido de su vida"

(Victor Frankl)

<u>Tienes que desarrollar la integridad y el compromiso, para aumentar tu autoestima</u>. Si no haces lo que te propones, no te estás respetando a ti mismo. Por eso es muy importante cumplir con lo que has dicho que vas a hacer.

Para ello, **tienes que aprender a seleccionar tus objetivos, estableciendo claridad en lo que quieres conseguir**. Si no, eres como una veleta, que se mueve en base a como sopla el viento, y al estar disperso, no acabas consiguiendo nada en concreto, además de convertirte en una influencia negativa para los tuyos.

Sin embargo, al ser íntegro y perseguir tus objetivos, estás siendo un buen ejemplo para tus hijos, ya que entenderán que el respeto hacia las propias ideas es clave para prosperar en la vida.

LA OPINIÓN DE LOS DEMAS

El último de los frenos que te impide arrancar, es el miedo a lo que puedan pensar las personas de tu alrededor. Ese pánico escénico que te atormenta cuando tomas una iniciativa en tu vida.

Te asaltan las dudas y te vienen preguntas a la cabeza de este tipo:

-¿Y si me equivoco y se rien de mí?

- ¿Y si dejo de gustar a mis amigos?

- Si hago cosas diferentes a ellos, ¿pensarán que soy raro y dejarán de llamarme?

- ¿Qué pasaría si me quedara solo?

Déjame decirte que no pasaría absolutamente nada, y es muy probable que no ocurra ninguna de esas cosas, porque en realidad se trata de miedos infundados, que no tienen razón de existir.

La mayoría de las veces te limitas antes de ni siquiera intentar hacer algo diferente, y si finalmente tienes el valor de hacerlo, resulta que no era para tanto y no recibes las críticas que pensabas, sino que a la gente probablemente le guste tu idea.

Y si te critican o se burlan de ti, a lo mejor esas personas no son tan amigos como pensabas, sino que más bien es una relación de conveniencia o puede que incluso te tengan envidia. En cualquier caso, **lo que piensen no es lo que importa, lo que importa es lo que creas TÚ**.

Además, <u>tienes que aceptar que en la vida no puedes gustar a todo el mundo</u>. Habrá gente a la que le caigas bien y le suscites simpatía, y por el contrario habrá personas que no compartan tus ideas y les causes antipatía.

Siempre habrá alguien que vaya a criticarte por algo, así que no actúes en base a lo que los demás se esperan de ti, porque en ese caso les estás dando el poder de decidir sobre tu vida.

<u>No dejes que eso te afecte, porque de lo contrario vas a llegar tan lejos en la vida como alcancen las opiniones de los que están a tu alrededor</u>. Y créeme si te digo que eso está muy, pero que muy por debajo de tus verdaderas capacidades.

Sin embargo, ¿porqué no pruebas a trascender todos esos límites y te decides a seguir tu intuición?

Puede que te sorprendas y te des cuenta de que en realidad, lo que piense la gente no tiene nada que ver contigo, sino con el reflejo de lo que ven de ellos mismos en ti.

Así que no tengas en cuenta los comentarios o las críticas que puedan hacerte, porque hablan más de sus propios miedos e inseguridades que de lo que realmente piensan de ti.

<u>Cuando entiendes esto, te elevas, y trasciendes las opiniones con mucha más facilidad, sin tomártelo como algo personal</u> y entiendes por fin, que has estado preocupándote por cosas que no tenían nada que ver contigo, y poniendo en manos de esas per-

sonas que no saben lo que quieren en su vida, el destino de la tuya.

En ese momento, recuperas el poder que habías perdido al darlo a aquella gente, y empiezas a dirigir tu vida hacia donde realmente quieres. La insatisfacción y la inseguridad empiezan a desvanecerse, porque por fin vuelves a ser el protagonista de tu historia.

3

TEST DE ENTUSIASMO POR LA VIDA

Tal vez crees que no es tan importante cultivar tus sueños y preocuparte por conocerte, pero déjame decirte que sí lo es y mucho. Quiero seguir dándote motivos para que veas la importancia que puede tener en tu vida y en la de tu famiia.

Te propongo a continuación un ejercicio para valorar tu nivel de entusiasmo. Tienes que valorar cada afirmación del 1 al 10, considerando como medida de valor, 1 totalmente en desacuerdo y 10 totalmente de acuerdo. Más adelante valoraremos los resultados.

1. Por la mañana me levanto pletórico y salto de la cama antes de que suene el despertador con ganas de empezar el día.

2. Cuando encuentro a cualquier persona me preocupo de decirle algo amable y trato de dejarla mejor de cómo la encontré.

3. Si alguna vez me encuentro en medio de una conversación negativa trato de no participar, o si puedo me marcho inmediatamente.

4. Cuando alguien me hace una crítica y considero que puede ayudarme a mejorar como persona, la acepto de buen gusto sin ofenderme.

5. Aunque las cosas no vayan como yo espero, miro al futuro con confianza porque sé que todo irá bien.

6. Si pienso al futuro veo oportunidades de crecimiento y mejora constantes.

7. Cuando alguien me habla de crisis, no me afecta en absoluto, porque tengo la certeza del hecho que mi vida vaya bien o mal, depende exclusivamente de mí.

8. Tengo energía suficiente al cabo del día como para afrontar mis obligaciones y además dedicar algo de tiempo solo para mí.

9. La mayor parte del día me siento feliz y cuando noto que mi humor cambia, hago algo inmediatamente para volver a sentirme bien lo antes posible.

10. Cuando alguien me cuenta un nuevo proyecto o idea, lo animo a que lo lleve a cabo, dándole todo mi apoyo y confianza.

Ahora te pido que sumes el total de las puntuaciones. Si el resultado obtenido es inferior a 50, debes saber que estás muy por debajo de tu verdadero potencial de felicidad. Un resultado satisfactorio debería estar por encima de 70.

De lo contrario, estás viviendo una vida muy superficial, sin apreciar la belleza de todo lo que posees y la potencialidad de lo que podrías construir si te lo propusieras seriamente. Además de ser una mala influencia para las personas de tu alrededor, especialmente para tus hijos.

> **¿Entiendes porqué es tan importante recuperar el entusiasmo por la vida?**

Porque con tu actitud y tus opiniones influyes sobre los demás. Ahora bien, puedes afectarles positiva o negativamente, eso depende de tu nivel de entusiasmo, es decir, del concepto que tengas de la vida y de ti mismo.

Si te ves como un perdedor o un cobarde, porque no has sido constante como para concluir nada en la vida, o peor aún, ni siquiera has tenido el valor de emprender algo, vas a ver el mundo y las personas de manera negativa, y vas a desanimar a cualquiera que entre en contacto contigo, incluidos a tus hijos.

Esto sucede porque al verte pequeño e incapaz, crees que nadie puede lograr cumplir sus objetivos en la vida, y en vez de apoyarles o animarles, destruyes sus sueños, para justificar el hecho de que tú no lo has conseguido y así quedarte en paz con tu conciencia.

Si los demás no pueden lograrlo, no te sientes tan mal, ya que no eres el único que ha fracasado en la vida. ¿Te das cuenta del egoísmo que se esconde tras algo aparentemente inofensivo?

Mucha gente dice, yo no necesito cumplir sueños para ser feliz.

Mentira. Todo el mundo anhela algo.

Otra cosa es que te conformes con menos de lo que puedes obtener, y sigas con tu vida mirando hacia otro lado, pero deja de engañarte y **toma conciencia del hecho que afectas negativamente a los demás al dar la espalda a tus deseos.**

No se trata de cambiar radicalmente, y dejar tu trabajo de un día para otro, sino de crear un espacio en tu vida para dejar entrar tus deseos más auténticos. Lo primero es ser un insensato, lo segundo es ser inteligente.

Simplemente necesitas cambiar tu perspectiva de las cosas y empezar a valorar lo que tienes, para poder abrazar cosas más grandes en el futuro. Reconoce lo que ya posees y podrás descubrir más allá de las apariencias, un mundo lleno de posibilidades.

Empieza por valorar lo que ya está presente en tu vida y piensa en todo lo que podrías construir si tienes el valor de abandonar tus miedos y empezar a seguir tu intuición.

Las corazonadas o impulsos de tu corazón no surgen por casualidad, sino que son las pistas que debes seguir para alcanzar tu felicidad.

Deja de ignorarlos, porque tu parte más auténtica espera ser rescatada para mostrar al mundo toda su belleza. Saca el coraje que llevas dentro para atreverte de una vez por todas a cambiar.

¿Hasta cuándo piensas seguir conformándote con una vida que no coincide con tu verdadera esencia?

Empieza a valorarte más y te darás cuenta de que estás obteniendo mucho menos de lo que eres capaz de conseguir.

Te estás conformando con una vida de peor calidad de la que te mereces realmente. Y lo peor de todo, es que estás dando ese ejemplo a tus hijos, si no haces nada por cambiar.

La vida no es el cuento que nos han contado. Trabajar, renunciar a nuestros deseos, pagar deudas, hacer sacrificios, buscar una satisfacción pasajera en cosas como: irse de vacaciones para olvidarse de un trabajo que no gusta, ver series o programas de televisión para evadirse de los problemas, o realizar actividades de ocio para descargar el estrés generado por una vida insatisfecha.

La vida es mucho más y lo sabes.

Ha sido diseñada para perseguir tus sueños, aunque un día te dijeran que eso no era lo correcto. Ahora ya has aprendido la lección por ti mismo y sabes que sobrevivir tampoco es lo adecuado. Te mereces mucho más y lo puedes conseguir, así que:

VE A POR ELLO SIN DUDAR

Ahora te pido que analices bien esta frase de la Biblia, entendiéndola desde la perspectiva que estamos tratando:

" Pues si ustedes, aún siendo malos, saben dar cosas buenas a sus hijos, ¡cuánto más su Padre que está en los cielos dará cosas buenas a los que se las pidan!"

(Mt, 7-11)

¡Cuánta soberbia y prepotencia hay en el ser humano! Creemos que somos buenos por amar a nuestros hijos, y se nos olvida que tenemos un Padre, que es el Amor Verdadero. Pensamos que podemos darles lo mejor con nuestras fuerzas humanas, pero luego dudamos de si nuestro Padre nos dará lo que tanto anhelamos.

<u>Esta es la causa principal de la perdición del ser humano: alejarse del Amor y pretender demostrar que es capaz de conseguir todo por sí mismo.</u> ¡Cuánto sufrimiento innecesario, por no querer admitir que somos seres vulnerables y que en realidad dependemos de una Fuerza Superior!

Acepta la existencia de esa Inteligencia que ha creado el Universo y pídele aquello que tanto deseas. Pide y te será dado.

Confía en que, si es un deseo del corazón, te será concedido, porque proviene de la misma Fuente. Solamente tienes que abandonarte a la vida y aceptar que eres un instrumento del Amor y tu destino es realizarte a través de tus anhelos.

4

¿PORQUÉ PARECE QUE LA FELICIDAD SE ME ESCAPA?

Esta es una pregunta que todos nos hemos hecho alguna vez en la vida, y es que en el fondo sabes perfectamente donde encontrar la felicidad, pero por algún motivo, te resulta difícil hacerlo.

Sabes que no se encuentra en las cosas materiales, en las relaciones o en las situaciones placenteras.

LA FELICIDAD ES UN ESTADO INTERNO QUE DEPENDE EXCLUSIVAMENTE DE TI.

Solo tú puedes hacerla florecer sacando hacia fuera las herramientas que llevas dentro. Estas habilidades, están esperando que te comprometas a ser feliz y transformes tu vida y la de tus hijos.

No puedes seguir esperando a que ocurra un milagro para que la felicidad llame a tu puerta. Eso nunca va a ocurrir, sencillamente porque **¡ya la tienes dentro de ti!** Solamente debes cambiar de actitud para poder verlo y darte cuenta por fin de que con amor, confianza y optimismo, eres capaz de obtener en la vida todo lo que te propongas.

Piensa que puedes vivir siendo un esclavo de tus debilidades o dueño de tus fortalezas.

Puedes hacer de ti mismo un triunfador o un perdedor, depende únicamente de qué voz vas a escuchar, si a la de tus limitaciones o a la de tus potencialidades.

Esto amigo mío es lo que más asusta, porque en el instante en que lo asimilas, te das cuenta de que realmente lo que consigas en la vida depende solamente de ti mismo. No hay excusas que valgan, no importan las dificultades, si el motivo que tienes es lo suficientemente importante.

Tienes que amarte tanto como para atreverte a fracasar y usar esa experiencia para seguir creciendo y evolucionando hasta alcanzar tus sueños.

Si no te amas, nunca tendrás el valor para lanzarte a por tus sueños. Porque tienes que asumir que cuando empiezas el camino hacia tu nueva vida, te lanzas al vacío, no sabes en realidad lo que te espera.

Pero con el amor que tienes en tu corazón, y la fe de que todo irá bien, eres capaz de cualquier cosa.

Si todavía no estás convencido de comenzar este viaje, te propongo un ejercicio para obtener mayor claridad. Responde a estas preguntas tratando de ser lo más sincero posible:

- ¿Soy realmente feliz?
- ¿Porqué parece que los demás pueden ser felices y yo no?
- ¿Qué tengo que hacer para serlo?
- ¿Hasta cuándo voy a seguir culpando a los demás de mi infelicidad?
- ¿Cuándo voy a hacerme responsable de mi vida?

Muy bien, querido lector. Tienes que tomar hoy una decisión sincera y firme. Y debes saber que no hay posibilidad de volver atrás, porque cuando te haces por fin cargo de la causa de tu infelicidad, no puedes mirar hacia otro lado y mentirte como si de ti no dependiera nada, porque eso supone estar peor que al principio. Solo hay una opción y es seguir adelante.

Así que respira hondo, coge impulso y despliega tus alas.

¡COMENZAMOS!

"Enamórate de ti mismo y de la vida, y los demás se enamorarán de ti y de tu entusiasmo, especialmente tus hijos"

Teresa Vitaller Gonzalo.

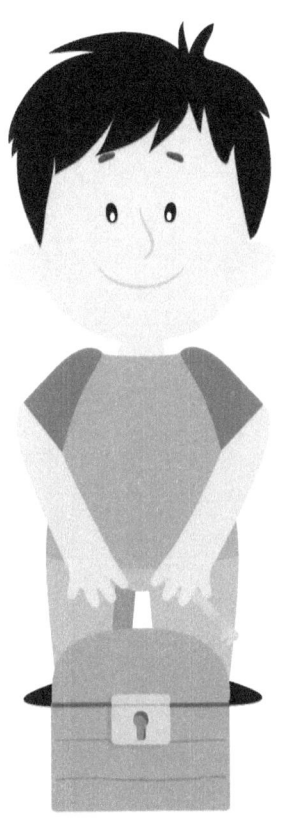

5

LA LLAVE DE LA FELICIDAD

Querido lector, cuántas veces has buscado la felicidad en lugares donde no la encontrarás nunca y te has sentido enormemente frustrado al haber puesto tu esperanza en esas expectativas externas.

Quiero contarte una historia que te ayudará a reflexionar y a entender que para ser feliz no necesitas buscar fuera:

"Un poco antes de que la humanidad existiera y refiriéndose a los hombres, se reunieron varios duendes para hacer una travesura.

Uno de ellos dijo: «Debemos quitarles algo, pero, ¿qué les quitamos?».

Después de mucho pensar uno dijo: «¡Ya sé!, vamos a quitarles la felicidad, pero el problema va a ser dónde esconderla para que no la puedan encontrar».

Propuso el primero: «Vamos a esconderla en la cima del monte más alto del mundo», a lo que inmediatamente repuso otro: *«no, recuerda que tienen fuerza, alguna vez alguien puede subir y encontrarla, y si la encuentra uno, ya todos sabrán donde está»*.

Luego propuso otro: *«Entonces vamos a esconderla en el fondo del mar»*, y otro contestó: *«No, recuerda que tienen curiosidad, alguna vez alguien construirá algún aparato para poder bajar y entonces la encontrará»*.

Uno más dijo: *«Escondámosla en un planeta lejano a la Tierra»*.

Y le dijeron: «No, recuerda que les dimos inteligencia, y un día alguien va a construir una nave en la que pueda viajar a otros planetas y la va a descubrir, y entonces todos tendrán felicidad».

El último de ellos era un duende que había permanecido en silencio escuchando atentamente cada una de las propuestas de los demás duendes. Analizó cada una de ellas y entonces dijo: «Creo saber dónde ponerla para que realmente nunca la encuentren».

Todos se dieron la vuelta asombrados y preguntaron al unísono: «¿Dónde?».

El duende respondió: «La esconderemos dentro de ellos mismos, estarán tan ocupados buscándola fuera, que nunca la encontrarán». Todos estuvieron de acuerdo y desde entonces ha sido así: el hombre se pasa la vida buscando la felicidad fuera de sí sin saber que la trae consigo."

Es así amigo mío, para ser feliz solo necesitas buscar ese tesoro que se encuentra dentro de ti. La vida es mucho más sencilla de lo que piensas, en el fondo solo necesitas:

- ✓ Conocerte a ti mismo y aceptarte tal como eres.
- ✓ Amar a los demás como son, con defectos incluídos.
- ✓ Disfrutar de lo pequeño y pensar en grande.
- ✓ Mirar hacia el futuro con optimismo.

La felicidad brota del corazón y no del placer, la riqueza, el poder, o el conocimiento. Por eso, deja de buscar la llave de tu felicidad en todas aquellas cosas externas, porque se encuentra en tu interior.

<u>Esa llave, abre el tesoro de tu corazón, donde se encuentran todos tus deseos más puros, aquellos que tu niño interior conoce mejor que nadie.</u>

La infelicidad nace cuando nos desconectamos de la fuente de amor que reside en nuestro interior. En ese momento, pierdes tu verdadera esencia, y empiezas a identificarte con la imagen del ego, fruto de las experiencias vividas y almacenadas en tu mente inconsciente, a través de tu sistema de creencias.

Conforme te vas dejando llevar por tus instintos, te alejas más y más de la voz de tu intuición, y por tanto de la verdadera felicidad.

Pero tú puedes acceder a ella siempre que quieras. Está justo dentro de ti, en el centro de tu pecho. No tienes que ir muy lejos a buscarla. Tan solo escucha los latidos de tu corazón, vacía la mente de pensamientos y concéntrate en tu respiración. Inhala, exhala... Inhala, exhala....

¿Puedes oirlo? Es tu niño interior intentando ponerse en contacto contigo, pero con tanto ruido, no eres capaz de escucharle. Si bajas el volumen de tu mente, serás capaz de oir esa vocecita, es casi como un susurro, es delicada... no quiere imponer su voluntad, sino que la busques con sinceridad.

Deja de negociar y posponer la felicidad. Naciste para ser feliz, abundante y tener el amor que te mereces, no para sufrir y vivir una vida de limitación.

Si buscas bien, te darás cuenta de que toda esa abundancia y ese amor ya están dentro de ti, no necesitas buscarlos fuera en forma de relaciones, bienes materiales, o reconocimiento de cualquier tipo.

Más bien todas aquellas cosas las puedes disfrutar mucho mejor una vez que te reencuentres con ese Amor que llevas dentro. ¿Qué dices? ¿Te atreves a embarcarte en esta aventura hacia tu nueva vida?

6

CONECTA CON TU NIÑO INTERIOR

"Debemos escuchar al niño que fuimos un día y que existe dentro de nosotros. Ese niño entiende de instantes mágicos"

(Paulo Coelho)

En tu niño interior reside toda tu autenticidad y creatividad, porque es tu parte más pura e incondicionada. Por eso, cuando te desconectas de él para tratar de encajar en el mundo, pierdes la motivación y la originalidad, dejas de asombrarte por las cosas y la vida empieza a parecerte monótona y repetitiva.

En el primer libro de la trilogía, hiciste un fantástico trabajo de sanación de las heridas de tu niño interior. Dejaste de tratarte mal por lo ocurrido y pediste perdón a ese niño que esperaba desde hace mucho que fueras a secarle las lágrimas.

Te reconciliaste con el pasado y entendiste que puedes volver a hablar con tu niño siempre que quieras, porque se encuentra justo dentro de ti, en el centro de tu corazón.

Es hora de retomar el mensaje que te dió entonces para saber la dirección que tienes que tomar en este momento de tu vida.

Respira profundamente, cierra los ojos y conecta de nuevo con ese niño que fuiste un día y pregúntale:

¿Qué te hace falta para ser feliz?

¿Qué te gustaría hacer ahora?

¿Qué es aquello que un día te fue negado y tu corazón anhela?

Hay tantos deseos insatisfechos en tu interior, que necesitan ser liberados, que cuando lo consigas, sentirás que la vida cobra un sentido de nuevo, porque vas a volver a fluir de forma natural, como debería haber siempre sido.

<u>En este trabajo de búsqueda interior puede ayudarte volver a ver fotografías de cuando eras pequeño</u>, esta vez sin embargo, vas a buscar los deseos en el rostro de ese niño. Fíjate en tus expresiones y piensa qué te sugieren, de qué sueños habla esa mirada, intenta recordar reviviendo ese momento en el que eras inmensamente feliz.

Otra forma para recordar es a través del juego. Juega con tus hijos al aire libre, corre, salta, libera endorfinas, conecta con esa energía y verás cómo empiezas a recordar más fácilmente.

Pasa algo de tiempo realizando trabajos manuales para potenciar tu creatividad, esto te acerca a las habilidades de cuando eras niño, ya sea colorear, hacer puzzles, construcciones, manualidades... Lo importante es que dejes volar tu imaginación enfocándote en el momento presente.

Una vez que has escuchado el mensaje de tu corazón, debes comprometerte con tu niño interior a respetarlo y llevarlo a cabo, ya que tu felicidad depende de la integridad y el respeto que tu parte adulta y racional tenga con tu parte infantil.

Hazle una solemne promesa de que escucharás sus deseos y harás lo que esté en tu mano para llevarlos a cabo.

No los ignores y no mientas a ese niño, porque es tu parte más auténtica. Es aquella parte de ti que te trae la inspiración para actuar, déjate guiar por ella y te aseguro que llegarás a buen puerto.

Tu niño interior es sabio y conoce tu auténtico valor. Sabe que eres único y que tienes unos dones especiales que nadie posee igual. Si le das la mano y no lo dejas en el olvido, él te guiará hacia la vida que te mereces.

Deja ir todas las capas de convicciones que te han estado frenando hasta ahora y recupera esa pureza y sabiduría que procede de tu corazón.

Para poder alcanzar esa inspiración necesaria para crear algo nuevo en tu vida, tienes que vaciarte de todo lo que crees saber y que te está condicionando.

Tienes que volver a ser puro, como cuando eras niño, porque solo estando libre de condicionamientos eres capaz de fluir con la vida y eres guiado en todo momento. Empiezan a llegar oportunidades nuevas y a suceder cosas increíbles.

Vuelve a sentir la admiración por la vida de un niño y abandona la necesidad de controlarlo todo. Abandónate a la voluntad del Universo y deja que las cosas vayan como deben ir.

Cuando empiezas a confiar, te vuelves un canal para que la Inteligencia Divina se manifieste a través de ti y recuperas tu alegría y tu libertad.

7

VALORA LO QUE POSEES

"No gastes tanto tiempo detrás de los placeres de la vida, sin hacer caso de las pequeñas cosas. Relájate y disfruta de la belleza de todo cuanto te rodea"

(Robin S.Sharman)

Si quieres disfrutar de tu libertad, empieza por valorar las cosas pequeñas que ya posees en tu vida. En realidad, si lo piensas, no hacen falta grandes cosas para ser feliz en la vida, simplemente creer en uno mismo, tener las ideas claras y ganas de pasar a la acción. Con estos tres factores juntos puedes lograr todo lo que te propongas, aunque tu situación inicial no sea muy buena. Y eso, querido lector, si buscas bien, lo encontrarás dentro de ti.

No hace falta tener riqueza material, pero sí riqueza espiritual. La riqueza material no sirve de nada, si primero no cultivas tu interior.

Por eso, **para lograr grandes metas en la vida, primero debes trabajarte por dentro, para después construir lo que deseas en el plano material**. Mucha gente ha invertido el orden, y empieza por construir riqueza fuera, pero por dentro están vacios, y su imperio puede desmoronarse en cualquier momento.

Una persona sin valores, puede llegar lejos en los negocios, pero nunca alcanzará la plenitud y la felicidad duradera, porque esta depende del grado de conocimiento de la verdad de uno mismo y del uso que hagas de ella.

Si tus objetivos están orientados únicamente a satisfacer tus necesidades personales, sin tener en cuenta las de los demás, es normal que el grado de felicidad experimentado será muy inferior a si piensas en cómo puedes crecer, a la vez que ayudas a otras personas.

No puedes seguir pidiendo cosas a la vida si no empiezas por valorar lo que ya posees, por poco que sea, y créeme, te aseguro que es mucho, aunque no te lo parezca. Deja de compararte con los demás y ver lo que ellos tienen y a ti te falta, porque en la mayoría de los casos, lo que ves es un espejismo, la gente aparenta para quedar bien, o para no sentirse excluída en la sociedad, pero la verdad es que la imagen que ves fuera no coincide muchas veces con la realidad.

Piensa en lo maravilloso que es pensar en los demás. Te hago esta pregunta: ¿te sientes más feliz cuando te compras algo para ti o cuando haces un regalo a alguien? Personalmente, no disfruto tanto como cuando uso mi dinero o mi tiempo para hacer feliz a otra persona, pienso que te pasará lo mismo que a mí. Eso es porque donas algo tuyo a los demás. La verdad es que:

> **SER GENEROSO TE HACE MÁS FELIZ QUE PENSAR EN TI MISMO**

Y no tiene porqué ser un regalo material, puedes regalar tu tiempo, tu atención, tu amor...

El hecho es que somos seres sociales y necesitamos sentirnos parte de un conjunto, por eso al tener un detalle con otra persona, estamos de alguna manera, uniendo esos "lazos afectivos" al declarar al otro que nos importa, que hemos pensado en él o ella.

Las pequeñas cosas de la vida, como ser amable con cada persona que encuentras, regalar una sonrisa a quien la necesita o tener un detalle con alguien, pueden marcar la diferencia en una existencia.

Esto querido amigo sucede con todo en la vida, cuando haces algo con una intención desinteresada, es decir, para beneficiar a los demás, recibes mucho más que si solamente piensas en ti. Así que, un elemento primordial de tu felicidad es moverte sin interés, sino para aportar algo a los demás. Sobre este tema profundizaremos mucho más en los siguientes capítulos. Tengo mucho más que contarte, quédate conmigo. Te espero en el siguiente capítulo...

8

BUSCA TU VERDAD

" Si bajas el volumen de tus pensamientos y escuchas atentamente, serás capaz de oír el mensaje de tu corazón"

Teresa Vitaller Gonzalo.

Lo que más libertad te va a dar en la vida, es la búsqueda constante de la verdad. No existe una verdad absoluta, cada persona tiene opiniones diferentes y son todas respetables, pero sí existe TU VERDAD, ese mensaje que procede de tu corazón y sabes que no tiene nada que ver con las circunstancias externas, sino que es intocable, eterno.

Nadie puede perturbar esa verdad, porque se halla en un lugar sagrado dentro de ti. Vinimos con un mensaje a este mundo y debemos descubrirlo. Nadie puede robarte esa sabiduría, porque te fue donada hace mucho tiempo, justo cuando fuiste concebido.

Conectarte con esa verdad, es lo que más libertad te va a dar en tu vida. No tiene sentido vivir una vida de engaño, puedes engañar a los demás, pero no puedes mentirte a ti mismo. Cuando te vas a la cama por la noche y entras en contacto contigo mismo, sabes si estás respetando tus valores más auténticos, o si por el contrario estás viviendo una farsa.

Busca esa verdad en tu interior y haz todo lo que esté en tu mano por preservarla. Tienes que esforzarte por ser lo más sincero y honesto posible, para empezar contigo mismo y luego con los demás. Encuentra ese mensaje que te hace libre e intégralo en tu cotidianidad.

Esto no quiere decir que tengas que difundir tu mensaje a los cuatro vientos, porque hay gente que no está preparada para escuchar lo que tienes que decir.

Pero tampoco significa que te tengas que limitar y esconder tus opiniones por no incomodar a los demás. Si algo procede, tienes todo el derecho del mundo a expresar tu opinión, siempre y cuando respetes los sentimientos y las ideas de la gente.

Tienes que saber que a mucha gente no le va a gustar tu sinceridad, porque sencillamente les gusta oir lo que coincide con sus opiniones.

He comprobado personalmente que cuando no eres lo que los demás se esperan de ti, (oséa lo que más les conviene a ellos, egoistamente hablando, no lo que es mejor para ti, porque eso lo sabes solo tú) empiezan a señalarte con el dedo y a hablar mal de ti.

En mi vida, muchas veces he sido criticada por ser yo misma, y por buscar constantemente ese tesoro que llevo dentro y sacarlo a la luz.

Pero eso no me ha frenado, es más, me ha dado la fuerza de seguir buscando y mejorando como persona, porque siempre he tenido claro que no voy a dejar de brillar porque a los demás les moleste mi autenticidad.

Debes saber que en la vida encontrarás mucha falsedad e hipocresía, porque **decir la verdad no está de moda**. A la gente le gusta hablar de temas superficiales, y sobre todo opinar de la vida de los demás.

Muchas personas se distraen y se regocijan con los problemas ajenos, para no enfrentarse cara a cara con la realidad de su vida. Tienen vidas vacías, vividas de cara hacia fuera, para aparentar que todo está bien, cuando en el fondo saben que no son felices.

Cuando les hablas de algo auténtico, que procede de tu corazón, o bien se ofenden, o te critican y te aíslan, porque les haces ver claramente que hay algo en sus vidas que no funciona. Este tipo de personas prefiere seguir engañándose a reconocer que son responsables de su situación.

La verdad es que la mayoría de la gente no quiere cambiar, porque está muy cómoda en sus vidas, aunque estén llenas de problemas, porque siempre conlleva menos esfuerzo seguir sufriendo, que tener que plantearse que han podido estar equivocados toda la vida, y tener que hacer algo por remediar.

Por eso, **cuando notan que eres puro y brillante, y estás haciéndote cada vez más y más grande, esto les va a incomodar, porque tu luz les hace ver con más claridad sus defectos**, y no lo soportan. Te atacan, porque se sienten atacados por tu autenticidad. Debes compadecerlos y desearles suerte en sus vidas. No tengas en cuenta los comentarios y actitudes de los que todavían se hallan sumergidos en el sueño del ego.

A lo largo del camino tendrás tentaciones y deberás superar obstáculos para alcanzar tus objetivos. Este será uno de ellos, porque cuando las personas de tu alrededor empiecen a notar tu cambio, van a hacer de todo para darte a entender que te estás equivocando, porque así pueden seguir más tranquilos con sus vidas.

¿Pero sabes una cosa? Los que se equivocan son ellos, y seguirán atrapados en una vida superficial, por no querer reconocer sus límites y admitir que son responsables de su situación. Seguirán buscando culpables a sus problemas, y pasarán los años y no habrán conseguido nada en sus vidas, solamente tener cada vez más y más problemas.

Sin embargo tú, has tenido el valor de mirar hacia dentro, has hecho ya un fabuloso trabajo de reconstrucción interna, y has derribado muchos muros que te impedían observar el panorama completo a tu alrededor.

Has encontrado ese diamante en bruto que reside en tu corazón y espera ser pulido para brillar con todo su esplendor.

Eso es lo que vamos a hacer querido lector, vamos a limpiar ese diamante, y vamos a quitar todas las capas superficiales, para ir a la parte más valiosa, y vamos a sacarla a relucir, para iluminar al mundo con su belleza.

No sé si sabes que **el pulido del diamante se realiza en base a la forma original del mismo, respetando su forma única y original**. De ahí su belleza y su elevado valor.

Por eso, no intentes parecerte a nadie, porque ningún diamante es igual a otro. Tu verdad no tiene porqué coincidir con la de tus seres queridos, o tus amigos. Lo importante es el respeto mutuo y aceptar la diversidad del otro. Cuando no hay respeto, no hay libertad.

<u>Debes respetar y ser respetado para conectar con tu corazón y poder llevar luz allá donde sea apreciada</u>. Suele decirse que nadie es profeta en su propia tierra, así que a lo mejor tienes que empezar a moverte en contextos diferentes para poder encajar y compartir tus ideas con personas que piensen como tú. En cualquier caso, piensa en esto:

"Aquellos que critican a los demás, revelan a menudo sus propias carencias"

(Shannon L. Alder)

Por lo tanto, no sufras si eres criticado o te sientes incomprendido por ser tú mismo. En realidad, la crítica solo puede herirte si tú lo permites, pero si no dejas entrar la maldad de otros en ti, esa negatividad se queda en la persona que realiza esa ofensa.

La indiferencia es la mejor respuesta ante los envidiosos y los que quieren hacerte daño. El que está enfermo por dentro, intenta enfermar a los demás y absorber su energía positiva para sobrevivir, seguro que en tu vida hay gente así. Son personas que no se hacen responsables de su vida e intentan que los demás les resuelvan sus problemas.

Debes evitar el contacto con este tipo de personas, porque son nocivas para tu salud y para la de tu familia. Haz lo posible por proteger vuestro núcleo y no permitas que la negatividad altere vuestro equilibrio.

Lo más importante de todo el proceso es que tengas claro que no debes convencer a nadie de tus ideas, sino estar convencido tú de ello. Cuando te liberas de la necesidad de ser aceptado por los demás, empiezas a usar tu poder para conseguir todo lo que deseas.

Continuamos querido lector, para descubrir poco a poco cuáles son las capas que recubren tu diamante en bruto y poder pulirlo para ir al centro y descubrir esa belleza única en el mundo.

9

ABANDONA EL REENCOR

Antes de continuar quiero asegurarme de que tienes todas las bases para comenzar el camino hacia la consecución de tus sueños. El trayecto no es fácil, por eso es necesario revisar todos los aspectos que pueden influir en tu estado emocional y hacerte dudar en algún momento de si lo que estás haciendo merece la pena.

En el primer libro hiciste un estupendo trabajo de perdón hacia tus padres y hacia todas las personas que te hirieron en el pasado, pero es necesario perdonar cada día a las personas que de una manera u otra te ofenden o te hacen daño con sus comentarios y comportamientos. Pueden ser familiares, amigos, compañeros de trabajo...

En el día a día vivimos situaciones de todo tipo, a veces desagradables, pero todas ellas llevan consigo una importante enseñanza para nuestra evolución.

Si te quedas solamente con la ofensa y con cómo te ha hecho sentir esa persona, te estás perdiendo la parte más importante del aprendizaje que esa situación traía para ti. Almacenas reencor en tu corazón, el cual ya sabes que tiene efectos muy nocivos en tu vida y en la de tus seres queridos.

Una persona reencorosa mira la vida con pesimismo, contamina el ambiente en el que se mueve con su negatividad y hace daño a su propia salud, ya que los estados emocionales influyen sobre el organismo.

Sin embargo, <u>al trascender esa situación o ese comentario, estás creciendo, y estás siendo un ejemplo positivo para los demás</u>. Aprendes a aceptar en tu vida también los momentos menos agradables, porque entiendes que forman parte de tu entrenamiento para ser mejor persona.

¿Te das cuenta de la diferencia que hay al cambiar el foco del problema? ¿Entre sentirse atacado o considerar esa situación como una oportunidad de mejora? Puede que estés pensando, no Teresa, en mi caso es diferente. A mí de verdad me superan algunas situaciones y no soy capaz de ver el lado positivo.

Se trata simplemente de que seas consciente de lo que te estás jugando y verás como te resulta más fácil cambiar el enfoque:

Prácticamente **lo que está en juego es tu felicidad y la de tu familia**, porque siempre habrá situaciones externas que hagan tambalear vuestro equilibrio, por muy bien que estéis vosotros. Pero todo depende de cómo eliges reaccionar.

Puedes permitir que esas personas o situaciones hagan empeorar vuestra estabilidad, o puedes decidir que nada ni nadie tiene ese poder sobre vosotros, y que cualquier cosa que pase allí fuera tiene que servir solamente para fortaleceros y hacer cada vez más fuertes vuestros valores.

Esto querido amigo, es **ser libre y decidir el destino de tu vida**. No hay nada escrito, el futuro lo escribes tú cada día con las decisiones que tomas, por eso elige bien lo que haces y dices hoy, para saber cómo será vuestra vida mañana.

No te vayas nunca a dormir sin haber resuelto tus conflictos si sientes que has albergado resentimiento en tu corazón. No dejes que ese veneno te contamine y se expanda por tu subconsciente mientras duermes. Ya que ese reencor podría crecer aún más e intoxicarte sin que te dieras cuenta. Permanece alerta siempre y no permitas que el reencor se apodere de la pureza de tu corazón.

Continuamos querido amigo en este maravilloso viaje hacia el centro de tu ser. Te veo enseguida...

10

PERDONA Y PIDE PERDÓN

" Cuando perdonas, liberas tu alma. Pero cuando pides perdón, liberas dos almas"

(Donald L.Hicks)

Ya conoces querido lector, el poder del perdón, y lo liberador que es. Guardar reencor y resentimiento en tu corazón no conlleva nada bueno, por eso al perdonar, dejas entrar la luz en tu vida y empiezas a ver las situaciones y las personas de manera diferente.

Pero al pedir perdón, al reconocer que fuiste responsable de aquella situación y que tus palabras y tus actos hirieron a aquella persona, te estás liberando tú, y también estás liberando al otro del reencor que había acumulado en su corazón.

Un corazón con resentimiento está enfermo, en ruinas, y como el corazón es el órgano más importante del cuerpo humano, la persona poco a poco empieza a debilitarse, a hacerse más pequeña, a perder su poder creador y curativo, y a alejarse más y más de su felicidad.

Así que al pedir perdón, estás liberando a la otra persona de los nudos que se habían creado en su corazón. El amor, que trasciende al ego en este caso, deshace esos nudos para convertirlos en empatía, entendimiento, compasión.

Permites que la otra persona, al no sentirse atacada y ofendida, pueda ponerse en tu lugar y abrir su corazón para entenderte. Estás por tanto, liberando a dos personas de su sufrimiento al vencer a tu ego.

> El amor siempre suma a la ecuación, el egoismo resta.

Cada vez que te enfades con alguien a partir de ahora piensa en lo siguiente:

El amor busca la unión, el ego busca la individualidad.

El amor no pretende tener la razón, el ego impone su opinión ante la de los demás.

El amor es humilde y sabe reconocer sus errores, el ego es prepotente y orgulloso, y nunca se equivoca.

Así que cuando te equivoques o alguien cometa un error contigo, plantéate estos aspectos y analiza tus reacciones para discernir si actuas desde el amor o siendo dominado por tu ego. Porque debes saber que esto va a determinar la calidad de tus relaciones, y por tanto de tu vida.

Si buscas tener siempre la razón, sin importarte lo que estás perdiendo, si te cuesta reconocer tus errores y pedir perdón, tal vez debes plantearte cambiar de enfoque para reaccionar de manera diferente ante los problemas y salir ganando en vez de perdiendo. Porque solo enfocándote en el amor, puedes construir tu castillo sobre cimientos fuertes y estables.

11

SÉ AUTÉNTICO

"Quien es auténtico, asume la responsabilidad por ser lo que es y se reconoce libre de ser lo que es"

(Jean Paul Sartre)

Vivimos en una sociedad en la que todo el mundo intenta parecerse a alguien. La publicidad, las redes sociales, influyen constantemente en nuestra forma de pensar, de actuar, de hablar, de vestir. En un mundo en el que todos los medios te dicen cómo ser, tienes que luchar por defender a toda costa tu autenticidad, porque cuanto más te alejas de tu verdadera esencia, más infeliz te vuelves. Esto ocurre porque la felicidad se encuentra dentro de ti, no en causas externas. No depende de la ropa que te pones, ni del dinero que tienes en la cuenta corriente, ni de tus relaciones, ni de tus hijos, ni de tus amistades, sino que es algo mucho más profundo que todo eso.

> **Tu felicidad depende directamente del concepto que tienes de ti mismo, de lo que te valores y te quieras.**

De hasta qué punto te respetas a ti mismo y a tus ideas, o de si intentas cambiarlas para gustar a los demás.

Lo que hagas o digas debe ser una prolongación de lo que piensas o sientes y no una contradicción contigo mismo, ya que la verdadera libertad la podrás alcanzar únicamente el día en que te conozcas y actúes con honestidad.

Tienes que ser fuerte y mantenerte fiel a tus valores más auténticos, no solo por tu bienestar, sino también por el de tus hijos.

Si perciben que sus padres cambian de forma de pensar cuando están con amigos o familiares, entenderán que modificar tus ideas para encajar en la sociedad, significa tener una mayor reconocimiento y ser aceptado por los demás. Pero tú no quieres eso para ellos, ¿verdad?

Entonces, **esfuérzate por ser tú mismo y defender tus valores**, a pesar de lo que diga el contexto, porque ahora no vas solo en tu barco, sino que llevas tripulación contigo, y de ti depende que tu hijos aprendan a valorar sus propias ideas y ser ellos mismos en su vida adulta.

Desgraciadamente, veo a muchos padres que traicionan sus ideas por sentirse parte de un grupo. Cambian de opinión constantemente y confunden a sus hijos con su ambigüedad. Todo para satisfacer su propio ego y sentir la admiración y el reconocimiento de los demás.

No seas como ellos y esfuérzate por ser íntegro. La integridad es el respeto hacia uno mismo. Y sin respeto no hay amor. Por lo tanto, <u>si no defiendes con integridad tu autenticidad, no te amas lo suficiente, te estás traicionando a ti mismo por hacer felices a otros</u>.

¿Que gran contradicción verdad? Crees que al formar parte de un grupo vas a ser más feliz, y resulta que para encajar ahí, eres infiel a la persona más importante de tu vida: **TÚ**.

Sal de ese círculo vicioso y rodéate de personas sanas y equilibradas que piensen como tú, y sobre todo que te respeten por ser cómo eres.

Evita las personas que intentan manipularte y cambiar tu esencia. Aparentemente son inofensivas, porque te dirán que se interesan por tu bien y quieren lo mejor para ti, pero no es verdad. Lo que quieren es que seas como ellos, para no tener que adaptarse a tu grandeza y por lo tanto no sentirse inferiores.

Los amigos de verdad, son los que te quieren por lo que eres, no por lo que haces o por cómo te comportas con ellos.

Se trata de una complicidad pura, que va más allá de las apariencias y de las palabras.

Cuando conectas de verdad con una persona, es porque ha sido capaz de apreciar tu esencia y os veis al desnudo, corazón a corazón. No te fijas en los detalles superficiales, como su aspecto físico o su forma de hablar, sino que vas a las profundidades, y te dejas arropar por el mensaje de esa persona, que conlleva una importante lección para tu crecimiento, porque todas las personas que aparecen en tu vida, tienen algo que enseñarte de una manera u otra.

Así que recuerda que lo importante en la vida no es actuar para recibir la atención o aceptación de los demás, sino para convivir de forma libre y justa, donde seas dueño de tu propio espacio y respetes el de los demás.

Mantén la atención enfocada en tus sueños, y rodéate de personas que los respeten y nunca te avergüences de los deseos y virtudes que Dios puso en tu corazón, más bien deberías avergonzarte por no saber reconocerlos y aprovecharlos a causa del miedo.

Aprovecha la oportunidad que se te ha dado de ser feliz y ayuda a los demás a serlo, especialmente a tus hijos.

Siendo auténtico, estás dando un modelo de vida a tus hijos, y por lo tanto ayudándoles a formarse una idea adecuada de la vida y de cómo pueden alcanzar sus sueños, respetando sus propios valores e ideas.

12

SÉ VALIENTE

"Lo único más grande que el poder de la mente, es el coraje del corazón"

(John Nash)

Hace falta ser valiente para atreverse a seguir los deseos más profundos de tu corazón, y no mucha gente es capaz de encontrar este coraje. Pero es precisamente este poder, el que te permite romper las cadenas de la mente, para lanzarte a lo desconocido.

Es la única fuerza que puede superar al miedo y a los pensamientos limitantes que te impiden tomar acción. Si buscas en tu interior, la encontrarás. Siempre ha estado ahí, debajo de todas las dudas, las creencias pasadas y el ego.

Haciendo un esfuerzo y elevándote por encima de todas esas barreras, puedes llegar a alcanzar ese poder interior, que te permite mirarte al espejo tal y como eres, y preguntarte:

¿Porqué no he hecho nunca lo que de verdad deseo?

Y te darás cuenta de que en realidad, no hay nada que te impida obtener lo que anhelas, si no tus propios límites mentales. Todas las ideas que has creado en tu mente, derivadas de las experiencias vividas, te han hecho creer que no eras capaz de conseguir tus sueños.

Pero no es verdad, es posible para ti y lo vas a lograr. Voy a encargarme de que sueltes todas esas cuerdas que te tienen atado a una vida que en el fondo no te pertenece, y por fin dejes zarpar tu barco en la dirección que marca tu corazón.

Para que puedas superar el miedo, tienes que aumentar la motivación de hacer realidad tu deseo, de lo contrario, ganará el miedo a no poder conseguirlo. Hay ciertas técnicas para reducir el miedo más fácilmente:

- **Disminuir la incertidumbre**: trata de profundizar en tu situación para poder averiguar lo máximo posible y obtener claridad sobre los pasos a seguir.

- **Tomarte las cosas con calma**: usa técnicas de respiración o de relajación para entrar en contacto con tu parte intuitiva, lo importante es que aprendas a desapegarte de manera saludable.

- **Aprender a aceptar los errores:** entender que los errores son necesarios para mejorar, te ayuda a afrontar mejor las situaciones en las que no sabes lo que va a ocurrir exactamente.

> TEN EL CORAJE PARA SEGUIR TU INTUICIÓN.

Debes saber que **tener valor es una decisión que viene de dentro**, y que nadie puede hacer por ti. Las personas de tu alrededor pueden animarte a tener más coraje, pero lo que cuenta es tu intención.

Debes prestar atención a tus fortalezas y no a tus debilidades, porque el coraje es como un músculo y como tal, se fortalece entrenándolo.

Así que a partir de ahora, deja de prestar atención a lo que te asusta, y enfócate en lo que se te da bien y te hace sentir seguro, porque ahí reside tu verdadera fuerza. Saca de una vez la fuerza del león que llevas dentro y sorprende al mundo con su potente rugido.

13

DALE LA ESPALDA A LA CULPA

"La culpa no está en el sentimiento, sino en el consentimiento"

(Bernardo de Claraval)

Cuánta culpabilidad inútil llegamos a sentir en nuestra vida... Normalmente, todos hemos vivido alguna situación en nuestra infancia en la que nos hicieron sentir culpables. Seguro que te regañaron por romper o ensuciar algo accidentalmente, o decir algo que no debías, y aquello te marcó.

La culpa es destructiva y, si se utiliza como herramienta para hacer obedecer a los niños, puede provocar heridas muy profundas. Lamentablemente, hay muchas personas manipuladoras que la utilizan para poder controlarnos, y también algunos padres la utilizan para controlar a sus hijos. Pero es decisión tuya si toleras que eso te afecte o menos.

Si no te liberas del sentimiento de culpa, corres el riesgo de traspasarlo a tu relación de pareja y por ende a tus hijos, intentando buscar culpables cada vez que haya un problema, en lo relativo a la educación de los niños, por ejemplo. Y esta conducta, es en la mayor parte de los casos heredada, te encuentras repitiendo patrones de tus padres y abuelos, con tus hijos.

La mejor manera de liberarse de la culpa es hacerse responsable de la propia vida, rompiendo esos patrones que sustentan el sentimiento de culpabilidad.

Atrévete a vivir de forma diferente a tus padres y trasciende sus límites. No quiere decir faltarles al respeto, o quererles menos, ¡sino honrarles y agradecerles por todo lo que te dieron, teniendo una mejor vida que ellos!

El sentimiento de culpa, se hace más intenso en el caso de la mujer, ya que culturalmente nos han enseñado a tener que sufrir y aguantar en la vida.

Hemos aprendido que la función de una madre es absorber los problemas y mantener el equilibrio en la familia, de forma que todos los miembros pueden descargar sus emociones con ella. Pero no tiene porqué ser así. Puedes decidir libremente vivir de esa forma si lo deseas, pero no te sientas obligada a llevar cargas que no puedes aguantar.

Si sientes la necesidad de liberarte de todo aquello y romper patrones del pasado, hazlo y no te sientas mal por ello. Porque tu vida es tuya y de nadie más. No tienes porqué vivir como lo hicieron tus padres, o como lo hacen las personas de tu alrededor.

Muchas veces, es el entorno el que nos condiciona a no hacer algunas cosas que nos gustarían y a sentirnos mal cuando finalmente las hacemos.

Por ejemplo cuando te decides a ir al cine con tu pareja después de varios meses, y dejas al bebé con los abuelos, llega la amiga de turno que con sus comentarios te hace sentir "mala madre".

En mi experiencia he constatado que algunas mujeres pueden llegar a ser muy tóxicas en este sentido cuando se vuelven madres. Quieren demostrar a toda costa que son mejores que las demás, y usan sus "logros" para herir a las madres que según ellas no son tan capaces.

Recuerdo cuando tuve a mi primer hijo, lo amamanté solo durante un mes y medio. No creo haber experimentado mayor sentimiento de culpa en mi vida como cuando me relacionaba con algunas madres que todavía daban el pecho. Naturalmente yo lo toleraba, porque todavía tenía que crecer y madurar como persona y madre.

Esas mujeres realmente creen que son mejores que tú y te hacen sentir incapaz con sus aires de superioridad. Con esto no quiero decir que todas las madres que dan el pecho sean así, ni mucho menos. Se trata de un porcentaje de fanáticas de la crianza natural, que son intolerantes con la diversidad y desgraciadamente no respetan aquello que no coincide con sus esquemas.

Todos sabemos que para un bebé lo mejor es la leche materna. De eso no hay lugar a dudas. Pero también es cierto que hay situaciones en las que no es posible, y si amamantar se vuelve una tortura, no tienes porqué pasarlo mal y transmitir ese sufrimiento a tu hijo.

No es cierto que la conexión entre madre e hijo es más fuerte si das el pecho. El amor no se mide a través de una teta o un biberón. El calor y la protección a un hijo se pueden dar de muchas maneras. A mi segunda hija le di el pecho hasta un año de edad y no hay diferencia entre la relación que tengo con ella y con mi hijo. Los dos han recibido el mismo cariño, amor y atención por mi parte.

El entorno donde crecí me transmitió el modelo de aquella buena madre que daba el pecho de manera natural y saludable. Yo creía que hubiera sido así, pero en mi caso, fue todo lo contrario. Pezones agrietados y ensangrentados, noches en vela llorando de impotencia y dolor , y mi hijo muriéndose de hambre por la falta de leche. ¿Acaso era aquello natural y sano? Decidí que no quería eso en mi vida y me quité un gran peso de encima.

Ahora habrá quien piense que no resistí, que no tuve paciencia, porque no quería hacer el sacrificio por mi hijo de que me dolieran los pechos para alimentarlo. Bien, eso es porque a esa persona le he tocado otra creencia. Esa que dice que hay que sacrificarse y sufrir por los hijos. Pero sinceramente yo dejé de identificarme con aquello hace mucho. Y fue lo mejor que pude hacer, para ser libre y para no transmitir esos patrones de culpa a mis hijos.

Cuando una mujer decide libremente de amamantar a su bebé y disfruta con la experiencia, desde luego que es lo mejor para el niño. Pero cuando, por el contrario, cada vez que el bebé se engancha al pecho, la madre sufre y traspasa ese malestar a su hijo, interrumpir la lactancia, es también la mejor decisión.

En la vida somos libres de tomar decisiones y todas son respetables. En el momento en el que crees que tu decisión es mejor que la de los demás, no estás respetando la libertad y la individualidad de las personas.

No quiero abrir un debate sobre el tema de la lactancia, porque no es mi objetivo , y además debería escribir otro libro para decir todo lo que pienso sobre el tema; lo que me interesa es que entiendas que en muchas ocasiones, el sentimiento de culpa viene fomentado por los comentarios ajenos. Te tocan una creencia, e inmediatamente te sientes mal por no seguir aquello, que según tu paradigma, es correcto.

Peor aún son las comparaciones entre niños. "¿Cómo, tu hijo todavía lleva pañal? No, yo hace mucho tiempo que se lo quité, y además en tres días aprendió a hacer pipí él solito en el water." "Mi hijo duerme solo en su habitación desde que era muy pequeño, ¿El tuyo todavía duerme en la cama con vosotros?"

Por Dios, ¿hasta cuando va a durar esta eterna batalla? Yo me pregunto, ¿cómo podemos pretender que el mundo respete nuestros derechos si ni siquiera existe respeto entre mujeres? Hasta que no empecemos a ser más humildes, tolerantes y respetuosas con las demás, no lograremos ese cambio que tanto reivindicamos. Esa es la verdad.

Dejemos de una vez de criticar y demostrar a los demás que nuestros hijos son mejores que los suyos. Si queremos dejarles un mundo mejor, lo primero que tenemos que hacer es defender la libertad y mostrar respeto por la diversidad.

> **Pero lo importante ahora no es lo que otros dicen, sino lo que tú dices sobre tu vida.**

Estás aquí para romper esquemas y sacudirte la culpa de encima. Decide cómo vivir, en base a aquello que te haga sentir bien, y libérate de todo aquello que te haga estar mal, aunque no sea aceptado socialmente.

Quiero proponerte un ejercicio para ayudarte a **romper esos patrones que te generan sentimientos de culpa** y te alejan de la felicidad. Piensa en alguna situación que te haga sentir culpable y pónla por escrito, por ejemplo:

- Cuando pienso en mi bienestar y me concedo un pausa de relax me siento culpable.

- Si un día estoy enfermo y no puedo atender mis obligaciones, me siento frustrado.

- Si no puedo complacer a los demás en alguna ocasión, acabo sintiéndome culpable.

- Si logro un éxito y los demás no, me siento mal por ellos.

A continuación, sustituye la culpa por la responsabilidad, viendo la situación desde una perspectiva más madura y tolerante:

- Estoy haciendo un fantástico trabajo en todas las áreas de mi vida y me merezco de vez en cuando un reconocimiento y algo de tiempo exclusivo para mí.

- Tengo derecho a descansar cuando no me encuentro bien.

- No tengo que cambiar para satisfacer las necesidades de los demás.

- No es mi responsabilidad que los demás no alcancen sus metas.

Ahora hazlo con situaciones personales, en las que sientes que la culpabiblidad te invade y pierdes tu libertad. Piénsalo bien, profundiza y pónlo por escrito, de forma que puedas soltarlo. Notarás que si lo haces bien, te estarás quitando un peso de encima, al entender que en realidad, no hay ningún motivo para sentirte culpable.

Tú decides cómo vivir y liberarte de esas ataduras familiares y sociales, depende de ti poder crear una mejor vida para tus hijos. ¿Lo harás por ellos?

¡Felicidades querido lector! Hemos estado trabajando hasta ahora en crear un terreno fértil para plantar esas semillas que harán crecer tus sueños. Vamos a hacer un resumen para recordar todo lo que has aprendido:

- Los elementos clave para una vida feliz son amor, equilibrio, propósito y crecimiento.
- Los frenos que no te han permitido todavía conseguir lo que deseas son tus creencias limitantes, tu falta de autoestima y la opinión de los demás.
- Una vez que te liberas de todas aquellas cadenas que te tenían atado, recuperas tu poder y vuelves a ser el protagonista de tu vida.
- Es importante cultivar sueños para recuperar el entusiasmo por la vida y ser una influencia positiva para los demás, especialmente para tus hijos.
- Tienes que tomar una decisión firme, comprometiéndote de manera sincera con tus sueños y saber que no hay vuelta atrás.

- Al conectar con tu niño interior, puedes acceder más fácilmente a ese lugar donde residen tus anhelos más auténticos, para poder rescatarlos.

- Empieza a valorar lo que ya posees, para poder recibir toda la abundancia que te está esperando.

- Conéctate con la verdad de tu corazón y sigue sus impulsos, ignorando la opinión de aquellos que no te comprenden.

- Desházte del reencor y acepta las situaciones menos agradables en tu vida, ya que contienen la llave de tu evolución.

- Pide perdón siempre que sea necesario, ya que liberas dos corazones al hacerlo.

- Busca tu autenticidad y trata siempre de ser tú mismo defendiendo tus valores más profundos. Cultiva la integridad y el respeto por ti mismo.

- Saca el valor que llevas dentro para atreverte a perseguir tus sueños sin miedo al fracaso.

- Libérate de los sentimientos de culpa desde la responsabilidad de tomar decisiones como una persona libre.

Vamos a comenzar la segunda parte del libro, donde iremos al origen de tu ser, para descubrir cuáles son tus talentos y cómo puedes ponerlos al servicio de los demás. Estoy entusiasmada por lo que viene a continuación, ¿estás preparado? Nos vemos enseguida...

PARTE 2.

DESCUBRE TU PASIÒN Y COMPÁRTELA CON EL MUNDO

14

DIRIGE LA MIRADA HACIA TU INTERIOR

"El conocimiento de uno mismo es el primer paso para toda sabiduría"

(Aristóteles)

Si deseas un cambio en tu vida, debes empezar a buscar dentro de ti las respuestas que andas buscando, porque no existe nada allá fuera que pueda darte más de lo que ya posees dentro.

Al nacer, te fue dado todo lo necesario para sentirte completo, y tu insatisfacción viene precisamente de no reconocer el valor que tienes y tratar de cambiar aquellos aspectos de ti mismo que no encajan en la sociedad.

<u>Cuando diriges tu mirada hacia el interior, generas un campo de energía que amplifica aquello que llevas dentro y de lo cual no eras consciente</u>. Parece

algo tan obvio en las relaciones externas, y que sin embargo cuesta comprender en lo referente a uno mismo.

Por ejemplo, esta claro que si cuidas tu relación de pareja y le prestas la atención necesaria, ésta funcionará mejor que si no te preocupas en absoluto.

Lo mismo ocurre con la relación con uno mismo, <u>si te preocupas lo suficiente de saber cómo estás por dentro y descubrir qué quieres en la vida, esa luz que llevas dentro va a crecer y brillar con más esplendor</u> que si no la alimentas y la dejas en el olvido.

La atención es la semilla que hace crecer lo nuevo en tu vida.

Si empiezas a prestar atención a aspectos de tu personalidad que nunca habías considerado antes, te vas a sorprender y notarás que eres mucho más grande de lo que pensabas.

La energía fluye constantemente, aunque no seas consciente de ello. Cuando diriges voluntariamente tu atención hacia tu interior, puedes canalizar la energía allí donde es necesaria y modificar estados internos de ansiedad, tristeza, incluso dolor físico, siempre y cuando lo hagas sin distracciones y con la consistencia suficiente.

La mejor manera para no distraerse es enfocarse a través de la respiración. <u>Controlar la respiración adecuadamente te permite conectarte al flujo de la energía universal y por tanto, conectarte a ti mismo</u> y a tu parte más auténtica, siendo más consciente de los mensajes que emanan de tu interior.

La meditación, el yoga, o simplemente ejercicios de respiración orientados a este fin, te van a ser muy útiles a la hora de conectar con tu verdadera esencia, y verás que tu corazón empezará a mandarte señales para que empieces a entender cuál es el camino a seguir.

Te empezarán a venir ideas a la cabeza cuando menos te lo esperes, y también se producirán coincidencias o recibirás señales de lo que debes hacer para averiguar tu misión.

Carl Jung, psicólogo norteamericano decía:

> *"El hombre cree que él moldea esas ideas, pero, en realidad, son ellas las que lo moldean y lo hacen su intérprete inconsciente... Nosotros no las creamos, ellas nos crean a nosotros"*.

Esto significa que en realidad, esas ideas provienen de una Mente Superior, que a través de tu intuición, intenta expresarse para que lleves a cabo tu cometido en esta vida.

No eres tú el que las crea de manera consciente, sino que esas ideas han existido siempre en tu interior, esperando a ser descubiertas para manifestarse en este mundo.

Por eso, cuando finalmente diriges la mirada hacia tu interior y descubres el tesoro que llevas dentro, eres capaz de realizar cosas maravillosas, que nunca te hubieras planteado.

Tienes que entender que no eres tú el que lleva el control de la situación, sino que al encontrar ese propósito, empiezas a seguir las señales, para hacer lo que tienes que hacer.

Es decir, te empieza a llegar la información mediante coincidencias, encuentros inesperados, que te van mostrando el camino a seguir en cada momento.

Incluso te llegarán ideas increíbles a la cabeza de repente como si alguien te las estuviera susurrando mientras trabajas, conduces o incluso mientras duermes.

Cuando conectas con tu misión, empiezas a vislumbrar un sinfín de oportunidades donde antes no veías nada, y comienzan a suceder cosas mágicas, porque estás alineado con tus verdaderos deseos y preparado para llevar a cabo tu obra de contribución en el mundo.

Como te he contado anteriormente, practico yoga desde hace años, y ha sido y es, una disciplina fundamental en mi vida, porque me ha ayudado a encontrar esa parte de mí que había olvidado hace tiempo y me ha permitido recuperar la naturalidad y la espontaneidad de cuando era pequeña, volver a lo esencial, siendo yo misma, sin tratar de forzar ninguna situación o cambiar para encajar en el mundo, sino dejando ser lo que es.

He aprendido a quererme por lo que soy, no por cómo soy, porque eso depende la mayoría de las veces de factores externos. A veces me enfado y digo cosas de las que me arrepiento, pero he dejado de identificarme con esa Teresa, porque sé que soy mucho más que eso, y que un error no me define.

Debes reconocer el potencial que llevas dentro y lo que puedes llegar a conseguir en la vida si sigues esa intuición.

Sé que es difícil conciliar tus aspiraciones con las necesidades de tus hijos y con la vida diaria, pero si escuchas atentamente tu corazón y dejas de mirar hacia los lados para mirar hacia adentro, encontrarás la respuesta para cada situación.

<u>Deja de escuchar las voces ajenas y el ruido del mundo, porque no conocen tus deseos más auténticos y si te dejas guiar por ellos, te alejarán cada vez más de lo que anhelas de verdad.</u>

Sin embargo, si escuchas a tu niño interior, ese que te conoce mejor que nadie, ninguna decisión será equivocada y todo lo que hagas, provendrá de los deseos de tu corazón.

15

ABRE TU MENTE A NUEVAS POSIBILIDADES

"La mente que se abre a una nueva idea, jamás volverá a su tamaño original"

(Albert Einstein)

Tienes que empezar a mirar la vida con perspectiva para poder evolucionar y crecer. Si sigues mirando tu realidad desde el mismo ángulo, no vas a apreciar todas las oportunidades que te pasan por delante. A diario te pasan cosas, hablas con personas diferentes que pueden aportarte algo, te vienen ideas a la cabeza, que si no sabes apreciar en el momento, vienen desechadas y no las utilizas a tu favor para poder construir algo bueno en tu vida.

Te hago una pregunta:<u>¿En qué aspectos de tu día a día caes en el error de creer saberlo todo y esto en realidad te está impidiendo observar perspectivas diferentes?</u>

De hecho, si lo piensas bien, nadie sabe como son las cosas en realidad. No existe una única realidad, sino que son infinitas. El mismo hecho puede ser interpretado de manera muy diferente por dos personas, hablando objetivamente de la misma situación.

Lo único que sabes es cómo interpretas esos hechos, cómo te relacionas con el mundo, y ésto como ya sabes, está condicionado directamente por tu historia personal, tus creencias, tus intereses... Es decir, te estás perdiendo una infinidad de ocasiones para mejorar, por ver las situaciones y las personas siempre desde la misma perspectiva.

Es muy difícil observar la realidad siendo absolutamente neutral, porque de una manera u otra, siempre estamos implicados.

Con nuestros hijos y nuestra pareja, estamos implicados emocionalmente, y por eso, a pesar de que nos esforcemos, a veces tenemos reacciones instintivas.

En el trabajo, también estamos implicados a nivel psicológico, y los problemas con los compañeros, los clientes, los jefes, nos preocupan y afectan.

Pero en todo esto, **siempre tienes la posibilidad de elegir**. Te adelanto que hace falta mucha fuerza de voluntad y entrenamiento, pero es posible si te esfuerzas de verdad.

<u>Puedes elegir tomar distancia de la situación, y verla con la perspectiva necesaria como para encontrar el</u>

lado positivo, es decir aquello que te interesa para tu evolución personal.

Acepta que existen diferentes puntos de vista y que tu opinión no tiene porqué prevalecer sobre las demás.

Te aseguro que cuando empiezas a aceptar de buen grado las opiniones ajenas, siempre y cuando te aporten algo, te quitas un gran peso de encima, porque no tienes que estar luchando para convencer a nadie de tus ideas, y aprovechas cada situación para mejorar y crecer como persona, sin la necesidad de tener que justificarte constantemente.

APROVECHA LO QUE TE HACE CRECER Y DESECHA LO QUE TE LIMITA, PERO NO DEJES QUE TE AFECTE.

Otro aspecto fundamental para abrir tu mente es **ponerte a prueba de vez en cuando y cambiar tus hábitos**, para darte cuenta de la cantidad de matices y colores que hay en la vida, no todo es en blanco y negro, y existen opciones infinitas, solamente debes elegir la que deseas.

Estás acostumbrado a hacer una serie de cosas en tu rutina y crees que incluir actividades diferentes es imposible. Te cuesta mucho cambiar y modificar tus hábitos, pero piensa que puedes hacer lo que te propongas si abres tu mente.

Los límites te los pones tú, nadie más. No pongas a tus hijos como excusa, a la falta de tiempo o a la edad. Si uno quiere hacer algo lo hace, sea como sea.

Piensa que una mente abierta puede aprovechar mucho mejor todo el potencial que posee y ver oportunidades allá donde otros solo ven problemas. Se trata de utilizar las circunstancias a tu favor y sobre todo de atreverte a hacer cosas diferentes.

Hace falta valor para cambiar tu vida y tomar decisiones diferentes de las que has tomado hasta ahora.

Es quizás lo que más vaya a costarte en todo este proceso. Es porque no estás acostumbrado a arriesgar y porque nadie lo hace en tu entorno.

Pero quiero que seas más feliz y vivas tu vida de manera plena, porque se puede y sé que lo puedes lograr, porque si yo lo he hecho y he superado mis límites consiguiendo algo que creía imposible, tú también puedes, y voy a ayudarte a conseguirlo. Sigamos querido lector...

16

DEJA EMERGER A LA LUZ TUS TALENTOS

Tu talento es el regalo de Dios para ti, lo que haces con tu talento, es tu regalo para Dios. No le defraudes y date el valor que posees en realidad, no el que te da el mundo. Quiero contarte una historia que te hará reflexionar:

El sabio y el joven frustrado

Érase una vez un joven que acudió a un sabio en busca de ayuda.

-Vengo, maestro, porque me siento tan poca cosa que no tengo ganas de hacer nada. Me dicen que no sirvo, que no hago nada bien, que soy torpe y bastante tonto. ¿Cómo puedo mejorar? ¿Qué puedo hacer para que me valoren más?

El maestro, sin mirarlo, le dijo:

-*Cuánto lo siento, muchacho. No puedo ayudarte, ya que debo resolver primero mi propio problema. Quizá después...*- Y, haciendo una pausa, agregó: – *Si quisieras ayudarme tú a mí, yo podría resolver este tema con más rapidez y después tal vez te pueda ayudar.*

El muchacho se sintió nuevamente desvalorizado, pero aceptó la oferta.

El sabio se quitó un anillo que llevaba en el dedo meñique de la mano izquierda y, dándoselo al muchacho dijo:

-*Toma el caballo que está ahí fuera y cabalga hasta el mercado. Debo vender este anillo porque tengo que pagar una deuda. Es necesario que obtengas por él la mayor suma posible, y no aceptes menos de una moneda de oro.*

El joven tomó el anillo y partió. Apenas llegó al mercado, empezó a ofrecer el anillo a los mercaderes, que lo miraban con algo de interés hasta que el joven decía lo que pedía por él.

Cuando el muchacho mencionaba la moneda de oro, algunos reían, otros le giraban la cara y tan solo un anciano fue lo bastante amable como para tomarse la molestia de explicarle que una moneda de oro era demasiado valiosa como para entregarla a cambio de un anillo. Con afán de ayudar, alguien le ofreció una moneda, pero el joven tenía instrucciones de no aceptar menos de una moneda de oro y rechazó la oferta.

Después de ofrecer la joya a todas las personas que se cruzaron con él en el mercado, que fueron más de cien, y abatido por su fracaso, montó el caballo y regresó.

Cuánto hubiera deseado el joven tener una moneda de oro para entregársela al maestro y liberarlo de su preocupación, para poder recibir al fin su consejo y ayuda.

Entró en la habitación.

-Maestro –dijo el joven-, lo siento, no es posible conseguir lo que me pides. Quizás hubiera podido conseguir dos o tres monedas de plata, pero no creo que yo pueda engañar a nadie respecto del verdadero valor del anillo.

-Eso que has dicho es muy importante, joven amigo -contestó sonriente el maestro-. Debemos conocer primero el verdadero valor del anillo. Vuelve a montar el caballo y ve a ver al joyero. ¿Quién mejor que él puede saberlo? Dile que desearías vender el anillo y pregúntale cuánto te da por él. Pero no importa lo que te ofrezca: no se lo vendas. Vuelve aquí con mi anillo.

El joven volvió a cabalgar hasta llegar con el joyero, quien examinó el anillo a la luz del candil, lo miró con su lupa y le explicó al chico:

-Dile al maestro, muchacho, que si lo quiere vender ya mismo, no puedo darle más de cincuenta y ocho monedas de oro por su anillo.

-¡¿Cincuenta y ocho monedas?! -exclamó el joven.

-Sí -replicó el joyero-. Si no le urge, en una semana podría darle setenta monedas.

El joven corrió emocionado a casa del maestro a contarle lo sucedido.

-Siéntate -dijo el maestro después de escucharlo-. Tú eres como ese anillo: una joya, valiosa y única. Y como tal, solo puede evaluarte un verdadero experto. ¿Por qué vas por la vida pretendiendo que cualquiera descubra tu verdadero valor?

> El mayor problema de tu vida es que dejas que te valoren personas que no son capaces de ver lo que tienen ante su vista.

Tal y como los mercaderes no eran capaces de reconocer el valor de aquel anillo, a menudo permites que algunas personas que desconocen totalmente tu valor, opinen sobre tu vida e influyan sobre tus decisiones.

Solo tu Creador te conoce realmente, porque Él puso en tu corazón esos talentos.

Y esto querido lector, reconocer esta increíble potencia, es lo que más te asusta en realidad.

La mayoría de las personas desconocen sus talentos, sencillamente porque nadie los ha sabido valorar, o porque esos talentos no son populares en la sociedad, así que han permanecido escondidos.

Además, muchas veces la gente tiene miedo de mostrar sus verdaderas capacidades, por si aquello generará comentarios o críticas, o por si al final resulta que no eres tan bueno como creías haciendo algo.

Déjame decirte que es mejor empezar que nunca intentarlo. Si algo dentro de ti te dice que deberías probar eso que tanto deseas, hazlo, no permitas que tu mente y tus miedos te frenen.

Normalmente solemos pensar que una persona con talento es aquella que sabe bailar, cantar, actuar, pintar, escribir... No necesariamente debe estar relacionado con el arte, sino que puede tratarse de una habilidad específica para escuchar a las personas, una capacidad de organización por encima de la media, una sensibilidad especial con los animales...

En fin, **hay tantos talentos como personas sobre la faz de la tierra, porque no hay dos seres humanos iguales**, y tu misión es descubrir cuál es tu habilidad, aquello que te apasiona y harías siempre, aquello que hace que se te ilumine la cara cuando hablas del tema, o sientes que todo el mundo escucha lo que tienes que decir al respecto.

A veces incluso, puede ser algo que en principio no se te da muy bien, pero sientes que te hace vibrar. Ese deseo, a través de la práctica, puede convertirse en un habilidad.

> **Tu talento es ese ruiseñor enjaulado que necesita salir de aquella prisión para cantar su melodía y que el mundo la escuche.**

Mi misión es ayudarte a liberarlo, para que puedas deleitar al mundo con la música de tu corazón e inspires a tus hijos a que hagan lo mismo con la suya.

Piensa en cómo ha sido tu vida hasta ahora, en cómo eras de pequeño, de adolescente. Hazte estas preguntas:

¿Qué era aquello que se te daba bien? ¿Aquello que sabías que ayudaba a las personas de tu alrededor y te hacía feliz?

Seguro que de una forma u otra, tus amigos te pedían ayuda en algo porque percibían que tenías esa habilidad o predisposición de la que ellos carecían.

Ahí es donde tienes que dirigir tu atención y no hacia lo que no te hace sentir bien. Si buscas bien, lo encontrarás, porque todos tenemos algo que nos distigue de los demás.

<u>Hay algo que sabes hacer mejor que cualquier otra persona, y es ahí donde tienes que enfocarte para hacer crecer esa semilla de talento que llevas dentro.</u>

Has intentado parecerte en muchas ocasiones a otra gente, pero ya es hora de volver a ser original. El hecho es que no nos damos cuenta que **la gente original gusta más.**

<u>¿Y sabes porqué gusta más? Sencillamente porque se gusta a sí misma, y una persona que posee esa autoestima, tiene mucho más poder e influencia que una persona que no se ama</u> y se acepta, porque intenta parecerse a otra persona para gustar.

Así que mi consejo es que te preocupes más de gustarte a ti mismo y descubrir aquello que puedes aportar al mundo, en vez de continuar a complacer a los demás haciendo cosas que no te apasionan.

¿Qué es aquello que te hace sentir que la vida es maravillosa y harías todo el día?

¿Aquello que te inspira a ser mejor persona y por lo que estarías dispuesto a cambiar?

Piensa en esto e intenta descubrir cómo podrías materializarlo en tu vida para recuperar ese entusiasmo que un día perdiste.

Muchas veces pensamos que es necesario cambiar radicalmente de vida, y dejar nuestro puesto de trabajo de un día para otro.

No se trata de eso en absoluto. Más bien, **debes crear un espacio en tu vida para dejar entrar tu pasión y recuperar la vitalidad y la energía de un tiempo**, porque esto va a traer beneficios en todas las áreas de tu vida: en las relaciones, en tu salud, y también en tu economía porque al sentirte más feliz, vas a ser más productivo en el trabajo.

Con el tiempo, hay personas que se plantean cambiar de trabajo y dedicarse de lleno a lo que aman de verdad, pero esta querido lector, es una decisión que debe realizarse con sumo cuidado teniendo en cuenta todas las necesidades de la familia y planteándose todas las ventajas e inconvenientes.

Mi sugerencia, es que empieces por descubrir aquello que te hace sentir bien, aquello que te pertenece por naturaleza y sabes que puede crear un impacto positivo en las personas, a la vez que te hace feliz y trae beneficios a tu vida.

Quién sabe si un día podrás dedicarte a ello profesionalmente, eso depende solamente de lo que sea mejor para vosotros, pero en cualquier caso, lo importante es empezar por escuchar esa vocecita interior que te dice que debes hacer algo.

Con cada nuevo día, te es donada una ocasión para ser feliz y depende de ti únicamente poder serlo.

No esperes a que ocurra algo en tu entorno, a que alguien venga a traerte esa oportunidad para cambiar, nada de eso va a ocurrir.

<u>El que sepas verlo, depende del nivel de conciencia que poseas y del valor que tengas para defender tus ideas y tus sueños.</u>

Espero haberte dado motivos suficientes como para hacerte entender que tu felicidad no depende de ninguna causa externa, sino que en tu interior posees ya todos los recursos para construir una vida maravillosa y dar un ejemplo a tus hijos de entusiasmo y plenitud, para que un día puedan edificar su propia vida sobre un terreno estable y fértil, del que surgirán frutos maravillosos, gracias a tu ejemplo.

17

CAMBIA EL ENFOQUE

"El verdadero viaje de descubrimiento no consiste en buscar nuevos paisajes, sino en mirar con nuevos ojos"

(M.Proust)

Estoy segura de que muchas veces has pensado que para ser realmente feliz, deberías volverte millonario, comprarte una casa muy grande, poder viajar por el mundo, tener relaciones maravillosas...Todo eso es fantástico, pero lo verdaderamente importante es valorarse por dentro, estar bien contigo mismo y mirarte con los ojos del Amor.

Cuando empiezas a ver la belleza que hay dentro de ti, no necesitas nada externo para ser más feliz.

Claramente, todas esas cosas son buenas, y van a ayudarte a vivir de manera más cómoda y entretenida, pero debes saber que no son la causa de tu felicidad.

Así que deja de buscarla en los lugares equivocados y en vez de eso dirígite a tu origen: obsérvate al desnudo, no tengas miedo, eres mucho más grande y bello de lo que piensas.

Recuerda: has permitido que personas que no saben apreciar lo que tienen delante, establecieran tu valor y tú les creíste.

Empieza a apreciar el tesoro que llevas dentro y verás el mundo con nuevos ojos, como cuando eras un niño, y cada situación era una oportunidad de aprendizaje y mejora.

Cuando eso sucede, recuperas el entusiasmo y empiezas a dar un sentido a tu vida, al escuchar finalmente el mensaje de tu corazón.

No es algo fácil, hace falta tener valor para atreverse a ser diferente, porque la mayoría de las veces ser tú mismo conlleva sobresalir de la media, hacer cosas diferentes a los demás, ser criticado incluso.

Nada de eso debe importarte, porque ahora observas la vida con la suficiente claridad como para darte cuenta de que eres alguien en este mundo, que has venido a él para ser feliz, y que eso lo puedes lograr a través de la realización de los deseos más profundos de tu corazón.

Aquello en lo que nos enfocamos, es aquello en lo que vibramos y por consiguiente, manifestamos en nuestra vida.

Si te concentras en la rabia, en la queja, en la crítica, crearás más de lo mismo en tu vida. Por el contrario, si te enfocas en la gratitud, en la alegría, en el entusiasmo, estarás atrayendo cosas buenas a tu vida.

> **CAMBIA EL FOCO Y EMPIEZA A OBSERVAR TODO LO BUENO QUE HAY EN TI.**

Mírate al espejo y observa toda la grandeza que llevas dentro. **Practica todos los días diciéndote lo mucho que te amas cada vez que pases por delante de un espejo**. Cambia tu monólogo interior y empieza a mandarte mensajes positivos.

Es muy importante prestar atención a las conversaciones que llevas contigo mismo, porque eres el mayor crítico que vas a encontrar en tu vida. Recuerda que siempre puedes elegir tus pensamientos y enfocarlos a lo que deseas. <u>Dite tantas veces como puedas que te amas y que te aceptas tal y como eres, con defectos incluídos</u>

<u>Deja de ser tan duro contigo mismo y abrázate, abraza tus virtudes y tus fallos, porque eres un ser maravilloso lleno de amor.</u> Solamente tienes que ir hacia lo más profundo de tu ser para encontrarlo y compartirlo con el mundo.

Piensa que lo que importa en la vida es la actitud que adoptas frente a ella, **tienes el enorme poder de cambiar tus pensamientos para poder avanzar si tomas el control de la situación y usas tu mente a tu favor.**

Según Virginia Satir, notable psicoterapeuta estadounidense :

> *"El problema presentado pocas veces es el problema real, en tanto que la forma que tiene la gente de encarar el problema presentado es el problema real".*

Como ves querido amigo, la mayoría de las veces lo que te hace estar mal o preocuparte, no es la situación en sí, sino lo que esa situación provoca en ti, y las emociones que te remueve por dentro, dice mucho de tus dudas y heridas más profundas.

Por eso, <u>el mejor regalo que puedes hacerte es descubrir las profundidades de tu corazón, saber de qué sueños y anhelos está hecho, y abrazar todo eso, acunarlo, mecerlo como un bebé recién nacido y permitir manifestarlo en tu vida.</u>

18

VES A LO MÁS PROFUNDO DE TU SER.

De la misma forma que en las profundidades del océano todo está en calma, en lo más profundo de tu corazón habita tu verdadero Ser. A ese lugar sagrado e imperturbable, no pueden llegar las tempestades de la superficie. Por lo tanto, **solo sumergiéndote en ese oasis de paz y calma, puedes encontrar la llave de tu felicidad.**

Esa llave, abre la puerta hacia el cambio que más anhelas, esa vida que has deseado siempre y que en el fondo sabes que es tuya y está esperándote en algún plano de este mundo.

Tienes que hacer lo que esté en tu mano por recuperar esa llave, vaciándote de todo aquello que ya no te sirve, deshaciéndote de objetos, recuerdos, ideas, que te hacen estar anclado a un pasado que ya no te define ni te pertenece.

Solo liberándote de todo lo que te sobra, puedes reunir la energía suficiente como para adentrarte en lo más profundo de tu Ser.

Cuando te sumerjas en ese lugar mágico y te veas con los ojos del amor, vas a entender muchas cosas, vas a empezar a apreciar lo que eres en realidad, y a aceptar aspectos de ti mismo que no te han gustado nunca, porque alguien un día los criticó.

Vas a entender que dentro de ti y de cada ser humano existe una bondad ilimitada, somos nosotros los que elegimos el mal cuando permitimos que el ego domine nuestra vida.

Cuando conectas con esa Verdad universal, empiezas a mirar el mundo y las personas con los ojos del amor y la confianza, con la mirada de un niño inocente, y entonces la vida te vuelve a sonreír. Porque en realidad, lo que pasa en tu vida es un reflejo exacto de como estás por dentro.

¿No te has fijado en que cuando estás triste, deprimido, la gente te parece más antipática, pesimista, egoista? ¿Y sin embargo, cuando estás alegre, las personas de tu alrededor te parecen más agradables y buenas?

No es que las personas cambien, son siempre las mismas, lo que cambia es tu percepción, porque esta depende de cómo te sientes tú en ese momento, nada tiene que ver la mayoría de las veces con los estados internos de los demás, sino con los tuyos propios.

> **Cuando conectas con tu verdadero ser, entiendes por fin que nada de lo que ha pasado en tu vida ha sido una casualidad, sino que todo era un regalo para tu evolución humana y espiritual.**

Ser consciente de la verdad, te permite agradecer por todo lo que has recibido en tu vida y abrazar todo lo bueno que te está esperando.

Hasta que no sientes de corazón esa gratitud por la Vida, no eres capaz de apreciar la belleza de lo que te rodea y no creas ese espacio necesario para que entre lo nuevo.

Deja de mirar hacia los lados y abandona a ese enemigo que quiere controlar tu vida. El mismo que quiere tener razón siempre, el que quiere obtener el reconocimiento de los demás, el que en el fondo no se alegra por los logros ajenos, al que le cuesta pedir perdón y decir gracias, al que le parece de débiles pedir ayuda, ese que quiere tener siempre el control de la situación.

Cuando por fin decides darle la espalda al ego, tu vida empieza a fluir, permites que lleguen cosas buenas e inesperadas y todo comienza a cobrar un sentido, y comprendes que incluso los momentos dolorosos fueron necesarios para llevarte a este instante.

Cuando te das cuenta de que se vive mejor sin tener que obtener la razón siempre, sin tener el control de todas las situaciones, sin sentir esa necesidad de ser aceptado por los demás, empiezas a ser consciente de que ERES mucho más que tus ideas, tus hábitos, tus intereses...

Simplemente ERES y EXISTES, y esto ya debería ser suficiente motivo como para levantarse cada mañana dando un salto de la cama y apreciar esta maravillosa oportunidad que tienes de seguir en este plano físico y realizar cosas extraordinarias.

Para ello, **necesitas permanecer conectado el mayor tiempo posible a tu verdadera esencia**.

No es algo fácil porque llevas demasiado tiempo siendo dominado por tu ego, pero sí es posible si pones la intención y la constancia necesarias.

A tal propósito, la respiración te será muy útil para mantener el flujo de energía canalizado hacia el centro de tu ser, vaciando la mente de pensamientos limitantes y dirigiendo la atención hacia tu corazón.

Cuando trasciendes el ego, te conviertes en ti mismo, en tu YO superior, esa parte conectada a lo divino y a lo humano. La mayoría de la gente tiene miedo de reconocer este poder, porque como decía Mariane Williamson:

> "Nuestro miedo más profundo no es el que seamos inadecuados; nuestro miedo más profundo es que somos aun más poderosos de lo que nos imaginamos. Es nuestra luz, no nuestra oscuridad, lo que más nos asusta"

La pregunta que te has hecho toda tu vida es: ¿quién soy yo para ser brillante, fascinante y talentoso?

Pero, en realidad, ¿quién eres tú para no serlo? Si Dios creó el Universo entero y tú eres su hijo, no hay nada bueno en disminuir tu grandeza para no indisponer a los demás, ya que todos los seres humanos estamos destinados a brillar.

Cuando aceptas la luz que llevas dentro, te conviertes en un ser despierto, y empiezas a reconocer a tu alrededor a la gente que aún está "dormida" y a los que como tú ya han despertado o están comenzando a despertar.

Entiendes por fin que los seres humanos estamos hechos de luces y sombras, y es nuestra elección manifestar las unas o las otras.

Te conviertes en un mensajero de luz y esperanza para el mundo, porque quieres que los demás puedan vivir en libertad, soltando las cadenas que los tienen atados a vidas limitantes.

Debes saber, que **no muchos te seguirán, porque prefieren vivir en la oscuridad de las sombras,** ya que es más cómodo permanecer en una vida que, aunque esté llena de problemas y limitaciones, les hace sentir seguros.

Tu misión, sin embargo, es aportar tu pequeño rayo de luz al mundo, y no dejar de brillar para no incomodar a otros, sino seguir brillando para, un día poderles inspirar a mejorar su vida y así ellos puedan iluminar a otros y traer más luz a la humanidad.

Cuando permites brillar a la luz que llevas dentro, das el permiso a los demás para que hagan lo mismo. Cuando te liberas de tus sombras, automáticamente tu presencia libera a los demás y contribuyes a crear un mundo mejor.

19

USA TU PODER INTERIOR

Como bien sabes, **los pensamientos son energía**, y existe una conexión entre estos y el organismo, por tanto tu poder reside en saber controlarlos para que no te debiliten.

David Hawkins, autor del libro "El poder contra la fuerza", doctor en medicina e investigador, explica cómo los pensamientos nos refuerzan o nos debilitan. Sostiene que <u>el poder, te permite vivir y actuar al máximo de tus posibilidades sin fatigarte</u>. <u>El esfuerzo, sin embargo, exige movimiento, el cual crea una contrafuerza, que requiere un gasto de energía</u>. Es decir, los pensamientos positivos refuerzan el cuerpo, y por el contrario los negativos lo debilitan.

Por ejemplo, imagina a un atleta que participa en una carrera. Si se concentra solamente en vencer al adversario, activando el mecanismo del esfuerzo, su estructura muscular se debilitará. Sin embargo, si piensa exclusivamente en competir usando su capacidad interior, no activará ninguna contrafuerza, porque estará utilizando su propia energía interna. ¿Entiendes cómo funciona?

<u>Son los pensamientos que nacen del poder personal los que te refuerzan, mientras que los provenientes del esfuerzo te hacen más débil.</u>

Para demostrar esta teoría, el doctor Hawkins diseñó un test que consistía en comprobar la fuerza muscular de la persona después de hacerle una pregunta, en función de si decía la verdad, o por el contrario mentía.

En concreto, se pedía al voluntario que extendiera el brazo y lo mantuviera inmóvil. Después se le hacía una pregunta, y con dos dedos, se trataba de mover el brazo hacia abajo.

Cuando la respuesta era cierta, el brazo siempre permanecía quieto. Sin embargo, cuando la respuesta era una mentira, el resultado era sorprendente, ya que sin excepción, el brazo se movía ligeramente hacia abajo, utilizando la misma fuerza que en el caso anterior.

El test demuestra, que **las mentiras debilitan, mientras que la verdad refuerza.**

Según Hawkins, los pensamientos que más debilitan son los de vergüenza, ya que es un sentimiento directo contra ti mismo, derivado de la desaprobación. Por eso, es tan importante amarse y perdonarse, porque de lo contrario no solo te estás dañando a nivel físico, sino también emocionalmente. Otras emociones nocivas que debilitan tu poder son la culpa, la rabia y la apatía.

Cada pensamiento que te pasa por la cabeza, influye sobre tu organismo, pero tienes siempre la posibilidad de elegir aquellos que te fortifican. La vida es el producto de tus decisiones, así que elige bien.

Te comparto un fragmento de su libro para mostrarte la potencia del poder interior del ser humano:

> *"El hombre cree que vive en virtud de las fuerzas que puede controlar, pero de hecho, es gobernado por el poder de fuentes no reveladas, poder sobre el cual no tiene control. Como el poder no requiere esfuerzo, pasa inadvertido e insospechado. La fuerza es experimentada a través de los sentidos, mientras que el poder puede ser reconocido solamente a través de la conciencia interna. El hombre es inmovilizado en su condición presente por su alineación con modelos de energía inmensamente atractores, los cuales él mismo pone en funcionamiento inconscientemente. Momento a momento, él está suspendido en este estado de evolución, restringido por las energías de la fuerza, pero impulsado por las energías del poder."*

Así que en realidad, lo que te es visible es la fuerza, que requiere un esfuerzo, pero en realidad, lo que te impulsa a actuar es tu poder interno. Crees que tu potencia reside en tu fuerza externa, pero es solo una ilusión: **el poder viene de dentro**.

Con este ejemplo, he querido mostrarte una prueba real de la importancia de seguir tus impulsos innatos, porque ahí reside tu verdadera fuerza. Esto demuestra, porqué cuando haces algo que te apasiona, tienes más energía que cuando te dedicas a realizar actividades que no amas de verdad.

Cuando encuentras tu propósito de vida, usas tu fuente de poder ilimitado y no generas ninguna contrafuerza, ya que la energía brota de tu interior.

Por el contrario, cuando te ocupas de actividades que no te gustan, estás forzando la situación, y debes esforzarte más que en el primer caso, con lo cual tu organismo se debilita a largo plazo. ¿Tenías todavía dudas sobre si se vive mejor teniendo un propósito? Te espero en el siguiente capítulo...

20

¿CÓMO PUEDO AYUDAR A LOS DEMÁS?

" La pregunta más urgente y persistente en la vida es: ¿Qué estás haciendo por los demás?"

(Martin Luther King)

Una vez que has identificado tus talentos, tienes que encontrar las necesidades que puedes satisfacer por medio de ellos. Expresar tus dones para atender esas necesidades, es lo que va a crear más abundancia en tu vida a todos los niveles: material, relacional, espiritual...

Hazte esta simple pregunta:

¿Cómo podría ayudar a las personas de mi alrededor haciendo lo que se me da mejor en la vida?

Esto querido amigo, te va a proporcionar la mayor sensación de realización que puedas experimentar.

Y es porque te alineas con tu propósito y finalmente estás haciendo aquello que debías hacer. Encuentras tu lugar en el mundo y aportas tu granito de arena para mejorarlo.

Al dar la espalda a tu ego y no pensar únicamente en tu propio beneficio, te vuelves un ser superior, ya que tus aspiraciones son mucho más nobles y humanas que antes. La gran verdad es que:

> **La realización del ser humano se logra a través de la contribución.**

Esta es una de las claves para alcanzar una felicidad duradera, saber que tu vida tiene un sentido, y que estás en este mundo para llevar a cabo una labor importante, aportando valor de alguna manera a los demás.

¿Cuántas veces en la vida has sentido que todo el dolor vivido ha sido en vano y te has cuestionado si tu existencia tiene una finalidad concreta?

Tantas veces como las que te has alejado de tu verdadera esencia. Cuando pierdes el rumbo, y te desconectas de tu parte más auténtica, sientes que las experiencias dolorosas no merecen la pena, que la vida es cruel y que el camino es largo y cuesta arriba.

No sigas pensando ni por un momento que tu vida no ha tenido sentido, porque todo lo que has vivido, te ha estado preparando para este momento. La vida te ha ido entrenando para que pudieras adquirir las habilidades y la experiencia que hoy posees.

Todo este valor que has ido ganando, en realidad no ha sido diseñado para tu propio disfrute, sino para compartirlo con el mundo.

La vida ha sido creada para compartir nuestros dones con los demás, por eso cuando piensas en los otros antes que en ti mismo, eres más feliz. No es casualidad, son los principios que gobiernan el universo. Cuanto más das, más recibes.

Todos los seres humanos estamos conectados por medio de la energía universal. Todos procedemos de la misma Fuente, así que no puedes hacer bien a alguien, sin hacértelo también a ti mismo. De la misma manera, no puedes herir a alguien, sin lastimarte a ti mismo.

El día que la humanidad entera sea consciente de esta Verdad, el mundo empezará a cambiar, y los seres humanos tendrán un motivo para tratar bien a los demás.

Por fin entenderemos que el camino para ser felices es ser más generosos y tolerantes. Pensar más en el bien común y menos en nuestro propio bienestar individual.

Respetar la diversidad y hacer tu aportación al conjunto, te acerca más a tu verdadera naturaleza, y por tanto, te hace más feliz.

El estado natural del hombre es tener buenos sentimientos y preocuparse por los demás, el mal lo eliges tú. Cuando te vuelves esclavo de tu ego, te dejas llevar por pensamientos egoístas y piensas en tu individualidad, eres más infeliz a largo plazo, aunque sientas más placer inmediato.

Por eso, se trata de **ser cada vez más consciente de qué posición estás adoptando en tu vida**. Si estás pensando en pequeño, solamente intentando satisfacer tus necesidades individuales, o por el contrario, estás pensando en grande, al ampliar tu visión y entender que tu misión en esta vida es ponerte al servicio de los demás haciendo lo que amas. ¡Sigamos!

21

ELIGE SIEMPRE EL AMOR

"En verdad os digo que cuanto hicistéis a uno de estos hermanos míos más pequeños, a mí me lo hicisteis"

(Mateo 25,31-46)

Actúa siempre desde el amor pensando en el bien del otro y tu vida irá mejor. No te preocupes si te tratan mal o no te corresponden. Tú nunca pierdes haciendo lo correcto, si los demás deciden comportarse mal, no es asunto tuyo. Tú quédate con la sensación de paz al haber hecho el bien, sin fijarte en el comportamiento que adopten otras personas. El amor es la más potente fuerza del universo, y es la única certeza que tenemos en este plano.

> **LA MÁS GRANDE DE TODAS LAS REVOLUCIONES ES EL AMOR**

El amor es la Fuente que nos conecta a la Vida, por eso cuando nos alejamos de él nos sentimos mal. ¿No te ha pasado nunca, que después de discutir con alguien, aunque pensaras que tenías razón te has sentido vacío? ¿Y sin embargo, en otra ocasión en la que has sabido ponerte en el lugar de los demás y has solucionado las diferencias de forma pacífica, te has sentido muy bien?. Esto debe hacerte pensar cuál es el comportamiento correcto a seguir.

El problema es que **cuando te dejas llevar por tu ego, no dejas cabida al amor en tu vida**. Tienes que vaciar tu mente y tu corazón de reencor, prepotencia, orgullo, envidia, desconfianza y dejar entrar el amor y la paz.

Verás que tu vida mejora notablemente cuando dejes de tomarte las cosas a título personal, y cuando entiendas que algunas personas son de una cierta manera, y no las podrás cambiar nunca, aceptarás esa situación y la habrás trascendido, pasando así al siguiente nivel de conciencia.

La evolución en la vida, en todos los sentidos, es necesaria para ser feliz, y la sensación de saber que estás progresando, en tus relaciones, en tu trabajo, como persona... te da una gratificación inigualable.

Aprende a tratar a los demás como quieres que te traten a ti.

Cuando deseamos o hacemos el bien a alguien, nos lo estamos haciendo en realidad a nosotros mismos por el efecto "boomerang". Así que debes prestar atención a tu forma de pensar, sentir y actuar respecto a los demás, porque esto puede estar trayendo elementos negativos a tu vida, si tienes algún tipo de resentimiento con alguien.

> *" Nadie puede hacer bien en un espacio de su vida, mientras hace daño en otro. La vida es un todo indivisible"*
>
> *(Ghandi)*

No creas que el daño o la ofensa se la haces solo a esa persona, sino que te la estás haciendo a ti mismo también. Quien es feliz, no desea el mal a nadie, porque sencillamente no se puede ser feliz sintiendo odio y reencor en tu corazón.

Desea el bien a todo el mundo, aunque no se lo merezcan y te hayan hecho cosas horribles, no solo por su bienestar, sino por el tuyo también.

Porque al perdonarlos y desearles lo mejor en su vida, te estás liberando y los estás liberando de esa pesada carga del reencor, y tenéis la oportunidad de ser libres ambos.

Debes saber que la vida te ama y quiere darte lo mejor, pero en ocasiones, eres tú el que no se lo permite. Te encierras en ti mismo y te sumerges en tu dolor, sin apreciar todo lo bueno que te rodea y poniendo barreras a todo lo que te está esperando.

> **Permite que la vida te ame, ábrete, quítate la coraza que crees que te protege, pero que en realidad no te permite desplegar las alas ¡y emprende el vuelo hacia tus sueños!.**

Si lo haces, no te arrepentirás, porque nada de todo lo bueno que hagas en esta vida se perderá, sino que servirá para hacer feliz a alguien.

A veces infravaloras un gesto cariñoso, una palabra amable por tu parte, que en realidad, pueden llegar a marcar la diferencia en la vida de la otra persona.

Nunca sabemos lo que está viviendo quien tenemos enfrente, porque las batallas se llevan por dentro, así que esfuérzate por ser amable con cada persona que se cruce en tu camino, porque no solo estarás haciendo feliz a esa persona, sino a ti mismo, porque la felicidad se multiplica. Recuerda:

TU SONRISA ES SIEMPRE UN REGALO

Dónala siempre que puedas, porque puedes iluminar más días grises de los que imaginas. Dona lo mejor de ti al mundo y recibirás también lo mejor del mundo.

Bien querido lector, llegados a este punto, quiero asegurarme que todos los conceptos han quedado claros, por eso vamos a repasarlos para una mejor comprensión:

- ✓ Dirige la mirada hacia tu interior y busca dentro de ti esos deseos más auténticos para poder rescatarlos y hacerlos realidad.

- ✓ Abre tu mente a nuevas posibilidades y empieza a mirar la vida con perspectiva, para apreciar las oportunidades que tienes ante ti.

- ✓ Deja emerger tus dones y preocúpate por darte el valor real que posees, y no permitas que nadie te diga lo contrario.

- ✓ Empieza a apreciar el tesoro que llevas dentro y protégelo por encima de todo.

- ✓ Dirígete a las profundidades de tu ser para conectar con tu verdadera esencia y convertirte en luz para iluminar a tus hijos.

- ✓ Pon tus dones al servicio de los demás para alcanzar la realización auténtica.

- ✓ Actúa siempre desde el amor y tu vida irá bien.

Estoy muy contenta de poder compartir contigo toda esta inspiración, ya que me llevó mucho tiempo y sufrimiento comprender estos principios, y deseo de corazón, que ahora puedan ayudarte a evolucionar y mejorar tu vida.

Nuestra existencia adquiere un sentido, en la medida en la que damos una utilidad a nuestras experiencias vividas. Eso fue lo que aprendí y lo que deseo transmitirte, para que valores mucho más tu vida a partir de ahora. Sigue conmigo, tengo mucho más que contarte en la siguiente parte del libro, donde te hablaré de la importancia de seguir creciendo y aprendiendo constantemente en la vida y de cómo puedes sacar el máximo partido a ese crecimiento.

Te veo en las siguientes páginas...

PARTE 3:

NO DEJES DE CRECER

22

HAZTE RESPONSABLE DE TU VIDA

"Nadie nos salva sino nosotros mismos. Nadie puede y nadie debe. Nosotros mismos debemos recorrer el camino"

(Buda)

Un aspecto fundamental de tu propia evolución, es asumir que eres el único responsable de tu vida. Así que partiendo de este principio, es lógico pensar que nadie va a venir a llamar a tu puerta para ofrecerte la oportunidad de tu vida.

Al contrario, eres tú el que debe buscar esas oportunidades al abrir tu mente y atraer a tu vida cosas nuevas, en base a esa nueva forma de pensar que estás desarrollando.

Si no empiezas a tomar la iniciativa, aprovechando las ocasiones que se presenten, nada va a cambiar realmente.

Porque el cambio lo debes propiciar tú, lo tienes que elegir, no va a pasar nada allá fuera que te ponga las cosas en bandeja. La vida exige riesgo, movimiento, hay que actuar hacia la dirección que tu corazón te indica.

La vida está hecha de altos y bajos, de momentos de placer y de dolor. No puedes pretender que todo sea fácil y placentero. Pasarás por duras pruebas, algunas muy incómodas, pero que te harán más fuerte y seguro de ti mismo.

Pero todo ello, forma parte del camino, y el ser feliz es una decisión diaria, no es una consecuencia de los acontecimientos.

Puedes ser feliz aún estando triste, porque la felicidad es una condición interna, que está por encima de las emociones. Lo importante es hacerse cargo de los propios dolores, y aceptarlos, intentando mejorarlos en la medida de lo posible.

<u>Entender que nadie puede venir a rescatarte del pozo, sino que debes luchar por salir a la superficie, debes escalar esas paredes para poder salir.</u> Pueden echarte una mano, lanzarte una cuerda, animarte desde arriba, pero cada uno de nosotros debemos recorrer nuestro propio camino con todas sus dificultades.

Pero piensa, que **cuantas más piedras seas capaz de apartar en el camino, más fuerte construirás tu fortaleza** y más seguros crecerán tus hijos, porque tendrán el ejemplo de una persona valiente y consecuente con sus ideas.

Y sobre todo no te culpes por el pasado, no seas duro contigo mismo por los errores que cometiste, porque no hay fracaso, sino aprendizaje.

Con cada nuevo amanecer tienes una ocasión más para volver a comenzar y seguir mejorando. No se acaba nunca de aprender y mejorar. Hasta el último día de tu vida puedes aprender algo nuevo, si eliges que así sea.

Lo que no deben faltarte son las ganas y los estímulos para querer ser mejor, pero esto querido amigo lo puedes hallar fácilmente observando los rostros de aquellas personitas que te miran durante todo el día con admiración.

Al darte cuenta de la responsabilidad que tienes en tus manos, lo haces, ya no tanto por ti, sino por ellos, por su bienestar y plenitud.

23

SIGUE APRENDIENDO

"Cualquiera que deja de aprender se hace viejo, tanto si tiene 20 años, como si tiene 80. Cualquiera que sigue aprendiendo permanece joven. Esta es la grandeza de la vida"

(Henry Ford)

El secreto para mantenerse joven y activo durante toda la vida es tener las ganas de seguir aprendiendo constantemente. Ese deseo de mejorar y crecer sin cesar, contiene la llave de la felicidad, porque lo que cuenta no es la meta, sino el camino que recorres.

En la vida puedes hacer cosas inmensas, heroicas, pero si te quedas estancado, tu nivel de entusiasmo y energía empiezan a ralentizar, hasta que finalmente se desvanecen por completo.

> **Es necesario tener siempre nuevos proyectos, ponerse metas más altas, para tener los suficientes estímulos que te permitan progresar.**

La felicidad no es estática, no se trata de aferrarse a recuerdos puntuales de nuestra vida en los que fuimos felices, y pasar el resto de nuestra existencia mirando la vida pasar de forma pasiva.

Más bien se trata de tomar pequeñas decisiones diarias, orientadas a un propósito, cuya consecución va a hacerte sentir realizado al saber que estás haciéndote cada día un poco más grande.

En nuestra sociedad nos han inculcado que a una cierta edad, ya sabemos todo lo necesario, y por tanto nos quedamos con esa visión limitada de la vida, que depende de nuestras creencias, nuestros sentimientos y las experiencias que hemos vivido.

El sistema educativo en el que crecimos, imponía un aprendizaje pasivo, y la mayoría de las cosas que aprendiste, terminaste olvidándolas, sencillamente porque no encontrabas la utilidad de aquello en tu vida.

El aprendizaje que no se olvida, es aquel que supone algo significativo en nuestra vida, por eso los maestros que más enseñanza te trajeron, fueron aquellos que demostraron más empatía, por los que sentías un respeto y un cariño. Desgraciadamente, no todos fueron así, de lo contrario hubieras ya logrado en la vida lo que deseas de verdad.

Por eso es fundamental seguir formándose y aprendiendo, en primer lugar para tu propio bienestar y crecimiento, y además, porque tus hijos van a beneficiarse también de ese aprendizaje.

> **No puedes pretender aportar a tus hijos un conocimiento de calidad, si te quedas únicamente con lo que sabes ahora.**

En Estados Unidos, por ejemplo, existe desde hace mucho la filosofia "*lifelong learning*", oséa aprendizaje a lo largo de la vida.

No se trata solamente de aprender aptitudes para ser más productivo y competitivo a nivel profesional, sino de seguir mejorando y creciendo como persona desde un punto de vista global: emocional, psicológico, relacional, espiritual…

En un universo tan rico en información, especialmente en nuestra era, es inconcebible pensar que uno ya sabe lo suficiente.

Tienes a tu disposición un mundo de posibilidades, a través de la lectura, cursos on line, seminarios, conferencias…Depende de ti, de cómo aprovechas el tiempo y en qué lo inviertes.

El ser humano está hecho de hábitos, y cambiarlos es lo más difícil, y la mayoría de las personas prefieren pasar su tiempo entreteniéndose que invirtiendo en su crecimiento personal.

Te puedo asegurar que si cambias tus costumbres, y durante los próximos 66 días empiezas a implementar estos sencillos cambios que te propongo a continuación, sin saltarte ni un solo día, tu vida va a mejorar notablemente:

- No veas tanta televisión y en vez de eso aumenta la lectura sobre temas que te ayuden a prosperar en lo relativo a tu propósito. Si lees 15 páginas al día, lo cual puede costarte entre 30 y 45 minutos, te habrás leído entre 2 y 3 libros al mes. Eso supone unos 25-30 libros al cabo del año. Imagina lo diferente que puede ser la riqueza interior de una persona si sustituye las noticias o la serie/película de la noche por un buen libro. Leer es la base del aprendizaje directo, no leas para entretenerte, sino para comprender cómo puedes mejorar tu vida.

- No pierdas tiempo en las redes sociales o navegando sin una finalidad concreta por internet, en vez de eso comprueba tus aprendizajes mediante la enseñanza. La mejor manera de progresar es compartir lo que aprendes con los demás, con tus hijos, tu pareja, tus amigos…de manera que estás siendo generoso con ellos y a la vez estás reforzando el conocimiento adquirido.

- Busca referencias estimulantes, de personas que han conseguido lo que deseas, y llena tu mente de información rica en contenido que te permita expandir tu visión de la vida a través de videos, audios, conferencias…

- Intenta aprender de cada error que cometas, desapegándote de la situación y viendo la enseñanza que esa experiencia lleva para ti.

Te digo 66 días, porque es el periodo mínimo establecido según los expertos para instaurar un hábito, pero cuanto más tiempo seas capaz de mantenerlo, mejor, ya que la idea es cambiar tu estilo de vida para poder acercarte a tus sueños, no hacerlo durante un tiempo puntual y luego volver a lo de antes.

Piensa en cuantas cosas podrías haber construido ya en tu vida, si en vez de chatear con el móvil, ver vídeos en youtube, o ver series de televisión, hubieras invertido ese tiempo en hacer algo productivo para tu crecimiento y así adquirir las habilidades necesarias para realizar tus sueños.

Si te dejas llevar por el cansancio o por el placer de hacer algo que te satisface solo en ese momento, te vas a perder muchas ocasiones de acercarte a tus sueños, porque la vida pasa y el tiempo perdido no volverá.

Así que sé inteligente, aprovecha bien el tiempo y no dejes de crecer y aprender algo nuevo cada día, porque tus hijos te observan constantemente, y memorizan en sus cerebros todo lo que ven, creando unos modelos de comportamiento, que trasladarán a su vida adulta. No lo hagas solo por ti:

SÉ EL EJEMPLO DE AQUELLO QUE DESEAS PARA ELLOS

24

APROVECHA CADA OCASIÓN

"Hay tres tipos de personas en el mundo: los que hacen que las cosas ocurran, los que ven cómo ocurren las cosas y los que se preguntan qué ocurrió"

(N. Butler)

A menudo te ocurren cosas que aparentemente parecen problemas, pero que si las aprecias desde otra perspectiva, te darás cuenta que son fantásticas oportunidades de crecimiento y expansión. Te propongo que a partir de ahora cada vez que se presente una dificultad o una situación dolorosa en tu vida te hagas estas preguntas:

- ¿Qué puedo aprender yo de todo esto?

- ¿Qué está tratando de enseñarme la vida con esta experiencia?

- ¿Cómo puedo utilizar lo que está pasando a mi favor?
- ¿Desde qué ángulo tengo que ver esta situación para beneficiarme?

Es necesario tomar conciencia sobre cómo estás pensando, para poder elegir con claridad tus pensamientos, en vez de ser dominado por ellos.

Si no tomas la distancia necesaria, no serás capaz de aprovechar lo ocurrido para tu crecimiento de manera consciente, y serás dominado por las emociones, las cuales te llevarán a obtener resultados muy alejados de lo que deseas de verdad.

Y esto ocurre porque el ego busca siempre tener razón, para demostrar a los demás que estaban equivocados, y que tú estás por encima de ellos. Sin embargo, si sigues tu intuición y te elevas por encima de todo eso, serás capaz de convertir ese hecho en una oportunidad.

Tienes que enfocar tus objetivos hacia sueños constructivos, por eso hemos trabajado en la autoestima y el perdón, ya que si por casualidad tienes todavía algo de resentimiento en tu interior, vas a dirigir tus acciones basándote en el reencor hacia alguna persona o situación, y eso te va a lastimar.

Porque como ya sabes querido lector, no puedes hacerle daño a alguien sin hacértelo a ti mismo. Sin embargo, al limpiarte por dentro y enfocarte en el amor, tus acciones van a ser dirigidas hacia la consecución de un objetivo puro.

Cuando te ocurra algo doloroso, puedes plantearte algunas preguntas para observar los problemas desde otra perspectiva y mantener el ego a raya:

- ¿Mi objetivo es buscar culpables o encontrar oportunidades de mejora?

- ¿Voy a defender mis ideas a capa y espada, me cueste lo que me cueste, o estoy dispuesto a ser flexible para salir ganando con la experiencia?

- ¿Prefiero tener razón o conseguir mis objetivos?

Te aseguro que cambiar el enfoque y ver las cosas de manera positiva, puede ayudarte enormemente a elegir de qué forma vivir, porque **el dolor en la vida es inevitable, el sufrimiento es opcional**.

Puedes elegir siempre si afrontar los problemas sufriendo, o reaccionar y aprovechar cada ocasión para mejorar y crecer, acercándote cada vez más a los deseos de tu corazón.

El hecho es que muchas veces crees que alejarte de las situaciones dolorosas, va a hacerte más feliz, y la verdad es que ese mismo dolor contiene la llave de tu felicidad, porque tras ese obstáculo, está esperándote tu progreso como persona.

Mi recomendación es que no huyas de las dificultades o mires hacia otro lado como si no pasara nada, en vez de eso **enfréntate a ellas, afronta la oscuridad y combátela con la luz de tu corazón**, porque al otro lado están esperándote cosas maravillosas.

Asímismo, ¿cuántas veces has dejado escapar oportunidades por no tomar acción de manera inmediata?

Déjame decirte que muchísimas, porque cada vez que te ha venido una idea nueva a la mente, has pensado que ya lo harías más adelante. Y es precisamente esa postergación la que no te permite cambiar tu vida.

En la vida hay que actuar cuando llega la inspiración, porque de lo contrario pierdes ese impulso necesario para tomar acción, y arriesgas que no vuelva nunca.

Puedes actuar y dejarte llevar por los impulsos de la inspiración, o ignorarlos y quedarte en tu mundo dominado por el ego. Si decides actuar, te vas a conectar con tu verdadera esencia y vas a sentirte más feliz y creativo, porque te alineas con tu propósito.

Así que no dejes escapar todas las oportunidades que se presentan ante ti en forma de encuentros fortuitos, corazonadas o "casualidades", porque son regalos que cada día te hace la vida para que te acerques a tus sueños.

¡Despierta de una vez y aprovéchalas! Porque de lo contrario, llegará el día en que realmente no puedas hacer todas esas cosas que estuviste posponiendo, y entonces te arrepentirás de no haber tomado acción cuando pudiste.

EL MEJOR HOMENAJE QUE PUEDES HACERLE A LA VIDA ES ACTUAR HOY.

Piensa en lo afortunado que eres al levantarte cada día con la posibilidad de un nuevo comienzo. Tienes dos brazos, dos piernas, un cerebro y un corazón que te pueden llevar adonde quieras llegar. ¿De qué tienes miedo todavía? Nunca vas a ser tan joven como hoy para hacer aquello que tanto deseas. No pienses tanto, y usa tu mente para lo que fue creada en realidad:

VIVIR UNA EXISTENCIA MARAVILLOSA

"La clave de tu progreso, y por tanto de tu felicidad se halla en aquello que no has tenido el valor de hacer todavía, y cuando por fin te atrevas, vas a ver que era mucho más fácil de lo que creías."

Teresa Vitaller Gonzalo

25

APRENDE A DEJAR IR

"Solo el que ama es capaz de soltar"

(Bert Hellinger)

Una de las habilidades fundamentales de la era que estamos presenciando, es tener la capacidad de deshacerse de todo lo que has aprendido hasta el momento, para cambiar la forma de mirar y entender la vida, y adaptarse a la evolución constante de la humanidad.

Solo quien es capaz de cambiar sus convicciones y evolucionar, será capaz de estar al paso con el tiempo y vivir de manera satisfactoria.

Si deseas adquirir nuevos conocimientos y habilidades para seguir creciendo, tienes que deshacerte de todas aquellas convicciones que tenías, para dejar entrar lo nuevo en tu vida.

En caso contrario, arriesgas que tu mente no deje pasar esa nueva información que necesitas, si va en contra de su sistema de creencias. Así que estarías perdiéndote una maravillosa oportunidad de mejora.

A veces pensamos que cambiando únicamente nuestra conducta, seremos capaces de mejorar nuestra vida. Pero realmente no es así, ya que el comportamiento representa una capa superficial de tu personalidad.

Lo que está debajo y la sustenta, es tu manera de pensar. Por tanto si no eres capaz de deshechar tus creencias heredadas y adquirir una forma de pensar que vaya en consonancia con tus sueños, te estarás solamente engañando, ya que creerás de estar cambiando, pero el cambio será solo a nivel externo.

Tienes que ir a las capas más profundas y reemplazar esos modelos mentales por otros más inspiradores, que te ayuden a obtener la vida que deseas.

Imagina que tratas de escribir sobre un cuaderno ya escrito, ¿serías capaz de entender lo que pones? Verías solamente garabatos inteligibles, y no podrías entender la nueva información.

De la misma manera, **no puedes instaurar una forma de pensar nueva en una mente donde existe ya una programación mental**, porque lo único que vas a conseguir es confusión, como en ese cuaderno lleno de palabras incomprensibles.

Así que, aunque sea complicado, mi consejo es que te cuestiones todas las creencias que has estado sustentando hasta ahora, ya que esto no solo te va a beneficiar a ti, sino también a tus hijos. De la mayoría no serás consciente, porque están tan arraigadas en tu insconciente, que estás realmente convencido de que ciertas cosas son así y punto.

Quiero compartir contigo un cuento zen, para que entiendas lo fuertes que pueden llegar a ser nuestras ataduras a esas creencias:

"El maestro zen y sus discípulos comenzaron su meditación de la tarde.

El gato que vivía en el monasterio hacía tanto ruido que distrajo los monjes de su práctica, así que el maestro dio órdenes atar al gato durante toda la práctica de la tarde.

Cuando el profesor murió años más tarde, el gato continuó siendo atado durante la sesión de meditación. Y cuando, a la larga, el gato murió, otro gato fue traído al monasterio y siendo atado durante las sesiones de práctica.

Siglos más tarde, eruditos descendientes del maestro zen escribieron tratados sobre la significación espiritual de atar un gato para la práctica de la meditación.

Rituales que nacen accidentalmente pueden convertirse en creencias absurdas que se traspasan de generación a generación"

Exactamente como esos monjes ataban al gato por costumbre, te mantienes atado a algunas creencias limitantes que te dicen que no eres capaz de hacer muchas cosas, cuando en realidad posees una fuerza arrolladora dentro de ti. Pero para poder sacarla fuera, necesitas romper esas cadenas que te tienen atado.

<u>Es importante seguir liberándose de esas creencias constantemente</u>, porque a veces uno piensa que con leer libros de crecimiento personal y hacer unos ejercicios está todo solucionado.

Pero la verdad, es que esas creencias están tan cristalizadas dentro de tu ser, que en ocasiones te va a costar verdaderamente detectarlas y reemplazarlas por otras nuevas. Tu misión en esta vida para ser feliz es:

> **Vaciarte de todo aquello que te limita y dejar entrar cosas nuevas en tu vida para seguir creciendo y evolucionando.**

Piensa en todas las veces en las que tus creencias te condicionan con tus hijos, personalmente, tardé mucho tiempo en liberarme de mi sistema de creencias y en elegir conscientemente mis pensamientos y mis palabras.

Así que no desesperes si te ves en alguna ocasión repitiendo patrones de comportamiento heredados, lo importante es saber reconocer esas situaciones de debilidad, y hacerse consciente de lo que está sucediendo en tu mente para haber reaccionado de esa manera.

Te recuerdo algunos patrones que normalmente se repiten con los niños ya que el contexto cultural en el que crecimos de una forma u otra nos los inculcó:

- Te enseño yo que tú no sabes.
- Los niños buenos no se enfadan.
- No corras que te vas a caer.

- Los chicos fuertes no lloran.
- Las señoritas no se ensucian.

Así que cuando a partir de ahora te oigas a ti mismo repitiendo alguna de estas frases a tus hijos, te aconsejo que sigas esta técnica, a mi me ayuda muchísimo cada vez que encuentro un bloqueo:

Lo primero **respira hondo, acepta la situación, y no te culpes**, porque no depende de ti, sino que es tu programación mental la que actúa. En vez de resistirte, **deja ir con amor esa creencia**. Acepta lo ocurrido, agradece por todo lo que aprendiste y suéltala.

Una vez que la has soltado, llena ese vacío con tu nueva creencia potenciadora y repítela a tus hijos tantas veces como sea necesario:

- Déjame ver lo bien que sabes hacer esto.
- El enfado no indica si eres bueno o malo, es solo una emoción.
- Puedes explorar el entorno libremente, pero prestando atención.
- Está bien expresar la tristeza o la rabia, es señal de fortaleza.
- No pasa nada por mancharse la ropa, es parte del juego.

Cuando sueltas conscientemente esa creencia, decides que ya no forma parte de tu identidad y te liberas, a la vez que liberas a tus hijos de recibir esa herencia emocional.

26

DEJA ENTRAR LO NUEVO EN TU VIDA

"El hombre no puede descubrir nuevos océanos, a menos que tenga el coraje de perder de vista la costa"

(André Gide)

Cuando por fin te decides a dejar ir tus miedos y creencias limitantes, dejas espacio para que cosas maravillosas entren en tu vida.

Es como cuando vacias un armario de ropa vieja, para llenarlo de prendas nuevas y frescas. Experimentas esa emoción al abrirlo y comprobar que todo lo que hay en su interior coincide exactamente con el estado de ánimo que sientes en ese momento.

De la misma manera **cuando te vacias de todas las emociones y pensamientos que te sobran, te sientes feliz al mirarte al espejo** y ver el reflejo de la autenticidad y la pureza.

Tienes el poder de reinventar tu vida si así lo decides, y dirigirla hacia lo que deseas de verdad. Puedes cambiar el rumbo de los eventos si tomas una decisión firme y clara.

Debes saber que a la vida no le gusta el vacío, por eso si no llenas ese espacio de manera consciente, tu mente lo hará estableciendo nuevas creencias inconscientes que te mantengan en tu zona conocida para asegurar tu protección.

Así que ahora sabes que <u>no es suficiente con vaciarte de todo aquello que te está limitando, sino que tienes que elegir conscientemente aquello que deseas ver realizado en tu vida.</u>

Porque, en caso contrario, tu mente hará todo en manera automática sin que ni siquiera te des cuenta.

A propósito de vaciar el armario, un ejercicio muy útil en todo este proceso de cambio es revisar todos los armarios y cajones de tu casa, y deshacerte de todo aquello que ya no utilizas, o que de alguna manera sientes que te mantiene anclado al pasado. Reordena tu casa y haz limpieza por dentro y por fuera. Ver tu casa con un aspecto diferente, te va a ayudar a afianzar esa sensación de progreso en tu vida.

Es importante cuidar el ambiente en el que vivimos, ya que el hogar debería ser el templo de la familia en el que se respira una energía pura y renovada, porque nos nutrimos también de las vibraciones del entorno.

Hay ciertos objetos o prendas de vestir, que llevan consigo una tremenda carga emocional negativa, y en muchos casos, crees que te hace bien conservarlos, sin darte cuenta de que en realidad están conectados a una parte de tu vida en la que eras una persona diferente y al verlos revives esa energía que contienen.

En este sentido, el feng shui, antigua técnica china, que utilizaban los emperadores hace 5.500 años para construir sus palacios, nos dice que la casa debe ser tratada como una planta a la que hay que cuidar, y ofrece métodos sencillos para reordenar la casa, de manera que te ayuda a conseguir una transformación interior personal muy importante.

Los emperadores buscaban el mejor terreno, la mejor ubicación respecto del entorno, y luego procuraban una buena disposición de todos los elementos internos.

La clave del feng shui, es permitir que la energía vital fluya por la casa, ya que nosotros también nos vemos afectados por ella.

Algunas recomendaciones de esta técnica para evitar los bloqueos energéticos son:

- Evitar fotos de familiares difuntos en habitaciones centrales.

- No guardar objetos rotos ya que pueden generar cansancio y hasta enfermedades.

- No conservar objetos que recuerdan un pasado desagradables.

- Eliminar objetos que sobran porque roban la energía.

Tienes que renovar el ambiente y dejar fluir la energía, para sentiros a gusto en vuestra morada.

Volviendo al cambio de creencias tras este paréntesis, debo decirte que <u>solo con la práctica y con la repetición se lograrán conexiones neuronales suficientes como para que el nuevo pensamiento se asiente y dirija tu vida</u>.

Es necesario que repitas de manera consciente la nueva creencia durante un tiempo, hasta que se vuelva inconsciente y automática y guíe tu comportamiento de ahora en adelante.

Plántale cara a la vida y ¡atrévete a ser feliz! No sigas esperando a que ocurra algo que cambie las cosas. Tú debes ser el cambio que quieres ver en la vida. Recuerda:

> **SI TÚ CAMBIAS, TODO CAMBIA.**

No hay nada que no pueda mejorar en realidad, si lo decides de manera firme y crees en ello lo suficiente. Eres el único creador de tu vida, y el único que puede decidir tu destino.

27

APUESTA POR TI

"Dentro de veinte años a partir de ahora, te arrepentirás de las cosas que no hiciste, así que suelta las amarras y navega fuera de tu zona de confort, busca el viento en tus velas. Explora, Sueña, Descubre."

(Mark Twain)

Tienes que salir de tu zona de comodidad para progresar en la vida. Nadie va a creer en ti si no lo haces tú primero. Si no tienes el valor de arriesgar y te quedas estancado, no pasará nada nuevo en tu vida.

Lo peor de todo es que llegará el día en que mires hacia atrás y te arrepientas por no haber hecho lo que tu corazón te indicaba. Lo único que quedarán serán los recuerdos de una vida soñada que nunca llegó.

No permitas que eso ocurra y haz tu apuesta. Arriésgate, porque en la vida quien no arriesga no gana...

Ten el valor de ir contracorriente y hacer lo que pocas personas se atreven a hacer en la vida, porque están demasiado cómodos en su rutina, aunque esto suponga no ser felices.

El ser humano es explorador por naturaleza. Fíjate en tus hijos: les encanta descubrir el mundo y aprender nuevas habilidades. No se aburren nunca porque cada instante lleva consigo una enseñanza nueva.

> **Tú tienes que volver a ser como ellos para poder alcanzar la vida que deseas.**

Déjate guiar por tus pequeños maestros y aprende de su sabiduría innata y su curiosidad. La belleza de la vida reside en descubrir y conquistar nuevos mundos. Mundos que ni siquiera entraban en las posibilidades de tu mente, pero que cuando te dejas llevar por el corazón, entiendes que siempre han estado disponibles para ti, pero estabas demasiado ocupado pensando en tus problemas como para darte cuenta.

Confía en tus dones y capacidades, y sobre todo, ten el coraje de desafiar al pasado, haciendo incluso aquello que un día dijeron que no serías capaz.

Apuesta por ti aunque nadie lo haga, porque tienes de tu lado a Quien de verdad te ama por lo que eres en realidad.

Has estado apostando demasiado tiempo por otros, dando la prioridad a la opinión de familiares y amigos, a ciertas situaciones, a las obligaciones...

Ha llegado el momento de que te elijas sinceramente. Abre tu corazón y confía en que el amor te llevará adonde necesites ir. A veces pensamos que si somos nosotros mismos, la vida no nos va a elegir. Debes saber que no es así. La honestidad y confianza en uno mismo son siempre premiadas.

Quiero compartir contigo un cuento para que reflexiones sobre la importancia de atreverte a ser tú mismo:

"Tang era un pequeño obrero en un reino del lejano Oriente. Trabajaba el cobre y fabricaba magníficos utensilios que vendía en el mercado. Tenía una vida feliz y una alta autoestima. Tan solo le quedaba encontrar la mujer de su vida.

Un día, un enviado del rey llegó para anunciar que su Majestad deseaba casar a su hija con el joven con mayor autoestima del reino. En el día estipulado, Tang se dirigió al palacio y se encontró con ciento de jóvenes pretendientes.

El rey los miró a todos y le pidió a su chambelán que les diese a cada uno cinco semillas de flores. Después, les rogó que regresaran en primavera con una maceta de flores salidas de las semillas que había hecho que les dieran.

Tang plantó los granos, los cuidó con esmero, pero de allí no salió nada: ni brotes, ni flores.

En la fecha convenida, Tang cogió su maceta sin flores y partió hacia el castillo. Cientos de otros pretendientes llevaban macetas con flores magníficas, y se burlaban de Tang y de su maceta de tierra sin flores.

Entonces el rey pidió a cada uno de ellos que pasaran ante él para presentarle sus macetas. Tang llegó, algo intimado ante el rey:

No germinó ninguna de las semillas Majestad, dijo. El rey le respondió: Tang quedate junto a mí.

Cuando todos los pretendientes hubieron desfilado, el rey los despidió a todos menos a Tang. Anunció a todo el reino que Tang y su hija se casarían el verano próximo.

¡Fue una fiesta extraordinaria! Tang y la princesa estaban cada vez más enamorados el uno al otro. Vivían muy felices.

Un día Tang preguntó al rey: su Majestad, ¿cómo es que me escogísteis como yerno si mis semilas no habian florecido?

¡Ninguna semilla podía florecer! ¡Hice que hirvieran durante toda la noche! Y tú fuiste el único en tener la suficiente autoestima y consideración hacia los demás para ser honesto.

¡Era un hombre así el que yo quería para yerno!"

Como ves, la autoestima es la clave para alcanzar metas elevadas en la vida. Por tanto, quiérete, mímate, aprecia tus cualidades, y disfrútalas, porque te fueron donadas para utilizarlas y ser feliz.

> **Deja de dudar y arriésgate a ser tú mismo, porque es lo único que te dará la plenitud y la libertad para ser feliz.**

28

VES TRAS LAS PISTAS

Tu trabajo a partir de ahora, consiste en investigar todos los indicios que apuntan hacia aquellas situaciones que te están limitando a la hora de alcanzar la vida que deseas. Descubrir el origen de tus emociones, debería convertirse en el punto de partida para el encuentro personal contigo mismo.

En muchas ocasiones, las creencias no provienen de los padres, sino que fueron conclusiones que extrajiste tú mismo de alguna experiencia, ya que nadie te dio una explicación adecuada sobre lo ocurrido.

Haz una introspección y piensa en todo aquello que te está frenando actualmente, sea en la consecución de tus deseos, que en tus relaciones.

Piensa en todo aquello que no te deja ser tú mismo en el día a día. Aquellas situaciones, personas o sentimientos que te frenan en alcanzar tus deseos y pónlos por escrito:

- ....
- ....
- ....
- ....
- ....
- ....

Ahora traslada esto a la relación con tus hijos y piensa si tus problemas, de una forma u otra les están influyendo en su conducta.

Antes de juzgar un comportamiento de tus hijos, primero busca dentro de ti, ya que los niños tienen una conexión muy profunda con los padres hasta los 7 años, especialmente con la madre.

Han estado durante 9 meses unidos a ella por medio del cordón umbilical, y existe una conexión emocional invisible, por tanto todo lo que ocurra a la madre, va a afectar al niño.

Hazte estas preguntas a partir de ahora cuando tu hijo tenga un comportamiento fuera de lo habitual, especialmente si es pequeño:

- ¿Me siento tranquilo y transmito tranquilidad a mis hijos en esta fase de mi vida?
- ¿Cómo me siento conmigo mismo?
- ¿Qué estoy viviendo en este momento, que haya podido provocar ese comportamiento en mi hijo?

- ¿Siento rabia o frustración por no haber conseguido algo que deseaba?
- O por el contrario, ¿me siento feliz y satisfecho con mi vida?

A continuación anota tus respuestas, y añade otras preguntas que te pasen por la cabeza y creas que te pueden ayudar a comprender mejor tus conductas:

- ....
- ....
- ....
- ....
- ....
- ....

Llevando a cabo esta investigación, descubrirás que muchos comportamientos de tus hijos, tienen que ver con emociones no resueltas por tu parte, falta de atención o desconexión emocional con la parte materna.

Muchas veces los padres piensan que ante una conducta no deseable, lo mejor es acudir a un experto, pero yo me pregunto: ¿te has planteado si la causa del comportamiento de tu hijo eres tú?

Obviamente, no se trata de buscar culpables ni mucho menos, sino de responsabilizarse de la situación y buscar soluciones internas, sin necesidad de poner ninguna etiqueta al niño: eres hiperactivo, eres nervioso, eres demasiado tímido...

Cuanto más indagues en tu vida diaria, más respuestas vas a obtener y vas a ser capaz de resolver muchos problemas siguiendo tu intuición.

Atención, con esto no quiero decir que no haya que acudir a un profesional si el caso lo requiere.

A veces, las conductas de los niños se deben a patologías y en ese caso es necesaria la visita de un especialista, pero en numerosas ocasiones se tiende a medicalizar al niño, cuando en realidad el problema no se haya en él, sino en el ambiente en que vive y en sus padres.

En cualquier caso, este trabajo, lo puedes extrapolar a todas las áreas de tu vida, a las relaciones personales, a las laborales, a tu salud...

Se suele pensar cuando tienes un conflicto, que el problema son los demás, pero **una actitud más madura y consciente es la de plantearse cómo has contribuido con tu comportamiento a que se desencadenara esa situación en tu vida**.

Esto te permite tomar el control de las circunstancias, y darte cuenta de que puedes cambiar el rumbo de las cosas si te responsabilizas de verdad, y empiezas a llevar a cabo pequeñas acciones orientadas a ese cambio.

29

SUBE TU NIVEL DE EXIGENCIA

"Si quieres cambiar tu vida, tienes que elevar tus estándares"

(Tonny Robbins)

Durante muchos años has estado comparándote con las personas de tu alrededor a la hora de tomar decisiones, las cuales te han llevado a obtener tus resultados actuales.

El problema es que no has tenido las referencias adecuadas y te has comparado con la multitud, estableciendo un ideal de vida bastante promedio.

¿Porqué no empiezas a tomar otras referencias más estimulantes de gente que tiene vidas satisfactorias para subir tu listón?

Te aseguro que cuando lo subas, no vas a conformarte con menos de lo que puedas conseguir. Si ellos lo han conseguido, tú también puedes hacerlo, porque no son especiales, ni mejores que los demás. Simplemente han tenido un sueño y lo han perseguido hasta conseguirlo, con constancia y perseverancia.

Primero tienes que creer en ti y luego actuar en la dirección que tu corazón desea.

Nos han inculcado desde muy pequeños que la vida está hecha de sacrificios y trabajo duro, y que muy pocas personas logran tener una vida satisfactoria, y quienes lo consiguen, a menudo no han sido muy honestos para llegar a esa posición de comodidad.

Nada más lejos de la realidad.

> **La verdad es que los valientes y los que se esfuerzan de verdad consiguen una vida fantástica.**

Cuando te conformas con una vida que está por debajo de tu verdadero potencial, al cabo del tiempo terminas por frustrarte y perder el entusiasmo por la vida.

Te acabas convirtiendo en una influencia negativa para todas las personas de tu alrededor, porque les transmites tu pesimismo y tu visión limitada de la vida. Tus hijos te toman como referencia y al ver que no has logrado tus sueños, piensan que ellos tampoco podrán conseguirlos y acaban tarde o temprano por abandonarlos, cediendo a la presión social y haciendo lo que hace la mayoría.

Tú ya no perteneces a esa categoría, y no quieres que tus hijos se dejen arrastrar por la multitud, viviendo una vida que en el fondo no les pertenece.

> **Tú quieres que ellos vuelen alto como águilas y vivan de manera extraordinaria.**

Piensa en esto: ¿cómo voy a estimular a mis hijos a que vivan de forma plena si ven que mi vida está llena de limitaciones?

Es tu responsabilidad elevar tu estándar y mejorar tu vida para darles un ejemplo de verdadera felicidad.

No seas tan ingenuo como para pensar que hay unos cuantos afortunados en el mundo que consiguen lo que desean, y a los demás les toca sufrir y aguantar una vida llena de dificultades. Nadie está exento de problemas y osbtáculos en su vida.

La diferencia entre unos y otros, la marcan las metas que te pones y lo perseverante que seas para alcanzarlas, pase lo que pase.

El problema es que la mayor parte de las personas se han rendido y han abandonado sus sueños, y prefieren que los demás no los cumplan, para no sentirse unos fracasados.

Por eso antes te decía que es importante tener sueños y esforzarse por alcanzarlos, porque al estar entusiasmado con tu pasión, te vuelves mejor persona y eres una referencia positiva para los demás.

Vives más alegre y relajado, y estás dispuesto a ayudar a las personas de tu alrededor porque quieres compartir tu felicidad con ellos.

Para ello necesitas tomar referencias distintas de las que has tenido hasta ahora, porque te aseguro que el ejemplo de una vida mejor no lo vas a encontrar en tu vecino, en tu compañero de trabajo o en el bar de debajo de tu casa.

Búscalas en los lugares adecuados, piensa en personas que ya han logrado aquello que más deseas y enfócate en ese canal.

Compra libros relacionados con el tema, haz cursos para adquirir las habilidades necesarias si es que los hay, asiste a seminarios o conferencias para escuchar los testimonios de esas personas de referencia.

Siempre hay una forma de cambiar el enfoque, tienes solamente que buscarla.

No sigas engañándote y diciendo que no puedes encontrar estímulos suficientes, porque los hay, solo tienes que darle la espalda a tu pasado y mirar hacia un nuevo futuro con valor.

No se trata de que seas duro contigo mismo, sino de que reconozcas tus capacidades y seas sincero. Responde a esta pregunta intentando ser lo más honesto posible.

¿Estoy dando el máximo que puedo ofrecer de mí mismo?

Tienes que tomar conciencia sobre el hecho de que si quisieras, podrías obtener mucho más en la vida de lo que tienes, y si no lo has obtenido ya, no es porque no lo puedas conseguir, sino porque no estás dando lo suficiente.

En la vida recibes lo que das, así que piensa que si no has alcanzado tus sueños todavía, es porque a lo mejor no estás aportando lo suficiente.

El ser humano es vago por naturaleza, de hecho, esta funciona por la ley del mínimo esfuerzo, para ahorrar la mayor cantidad de energía posible y garantizar tu supervivencia.

Por eso tu mente funciona con una programación, para no desperdiciar más energía de la cuenta y mantenerte a salvo.

Así que vas a tener que esforzarte y superar muchos límites mentales, porque la tendencia natural es aquella de "conformarse" ya que según tu mente, es la mejor manera de protegerte.

Pero tú ya sabes que la única manera de progresar en la vida es haciendo cosas diferentes a las que has hecho hasta ahora, por tanto, debes exigirte más, dentro de tus posibilidades, sin juzgarte, pero diciéndote la verdad.

Tal vez te gustaría más que te dijera: querido lector, ya sabes cuáles son tus talentos, por tanto, has encontrado la vía para alcanzar todos tus sueños, así que permite que la vida te guíe para que se hagan realidad. En el fondo sabes que no es así y que no existe nada en la vida que no exija algo a cambio.

No sirve de mucho tener talentos, si no los utilizas y los alimentas. El talento no es suficiente para conseguir la vida que deseas.

Tal como dice Will Smith:

> " **La diferencia entre talento y habilidad es uno de los conceptos peor entendidos para las personas que están tratando de sobresalir, que tienen sueños, que quieren hacer cosas...El talento, lo tienes naturalmente; la habilidad solo se desarrolla a base de horas y horas de dedicación"**

Piensa que si lo que deseas es muy bueno, requiere un nivel de rendimiento muy alto. Por eso debes elevar tu nivel de exigencia hacia ti mismo, y convertir ese talento en habilidad, ya que de no hacerlo, jamás lo obtendrás.

Es así de simple, y esta obviedad a veces no gusta, porque es más cómodo pensar que aquello que más deseas no está disponible para ti.

Y la verdad es que **aquello que más anhelas te está esperando también**, porque es el proyecto que te corresponde por derecho de nacimiento.

Depende solamente de ti que lo consigas y que decidas ponerte manos a la obra siendo consciente de tus capacidades reales, realizando un balance sincero de lo que has estado haciendo hasta ahora y de lo que podrías conseguir si dieras el máximo de ti mismo.

30

CRECIMIENTO ESPIRITUAL

"La espiritualidad no es adoptar más creencias y suposiciones, sino descubrir lo mejor que hay en ti"

(Amit Ray)

En este mundo en el que vivimos, es todo un reto buscar una experiencia espiritual, ya que estamos llenos de creencias y opiniones arraigadas en una visión pragmática y materialista del mundo. Incluso cuando alguien te habla de espiritualidad, te sientes incómodo, ya que lo asocias a la religión, a los dogmas, a las imposiciones. No tiene nada que ver con eso.

La espiritualidad, es descubrirse a sí mismo a través de la evolución de la conciencia. En realidad, somos seres espirituales realizando una experiencia humana y nuestro cometido en esta vida es dar respuesta a las preguntas que brotan de nuestro interior:

¿Quién soy yo? ¿Para qué he venido a este mundo? ¿Qué sentido tiene mi vida?

Como ya sabes, dentro de ti hay dos fuerzas que luchan por prevalecer la una sobre la otra: tu ego, y tu Yo superior, que está conectado a Dios. La primera, te acerca al dolor, la segunda te acerca al Amor.

El ego, como ya hemos visto, es prepotente, quiere salirse con la suya, y ser mejor que los demás. Quiere hacerte creer que eres la suma de lo que piensas, lo que haces y lo que tienes. Te mantiene en un estado perenne de preocupación, ansia y estrés.

Lo peor de todo es que te hace pensar que te encuentras separado de Dios, lo cual genera miedo y confusión, al pensar que pueda castigarte, si te comportas mal, o peor aún, ignorarte.

El Amor, sin embargo, es paciente, respetuoso, agradece y perdona siempre. Es un oasis de paz y tranquilidad. Es la voz de Dios que se manifiesta a través de ti.

La lucha del ser humano consiste en elegir su verdadero Yo, y salir del sueño en el que se encuentra, derribando al ego.

De esa manera, se puede alcanzar la verdadera felicidad, al constatar que no existe separación, ya que Dios está dentro de uno mismo y no fuera.

Quiero decirte algo importante, aunque quizás te resulte algo extraño y es que todos los problemas que tienes se pueden resumir en uno solo:

Crees que Dios está fuera de tu alcance y te ha abandonado.

Esta idea de dualidad genera todo tipo de reacciones en las personas: negación de lo divino, sumisión, adoración de símbolos, apego a dogmas... Pero nada de esto tiene algo que ver con la verdadera espiritualidad.

> Se trata de comprender que en realidad, no hay separación, TODOS SOMOS UNO con Dios.

Procedemos de la misma Fuente y estamos en la Fuente, aunque no seamos conscientes, porque lo esencial es invisible a los ojos. Aunque sí puedes sentirlo con los ojos del corazón.

Imagina que Dios es como el océano, y tú eres una pequeña gota de agua. No eres Dios, sino que eres parte de Él, porque su esencia está en ti y por tanto, posees el poder ilimitado de crear, cumplir milagros, y experimentar la alegría de vivir.

Cuando integras este conocimiento en tu ser, ya no sientes miedo, soledad o incertidumbre, porque descubres finalmente que todo lo que necesitas, lo tienes dentro y siempre ha estado ahí, pero no eras capaz de verlo.

Llegar a alcanzar ese nivel de conciencia no es algo fácil, es necesario pasar por muchos momentos desagradables para querer despertar.

No basta con que alguien te lo explique o te suscite interés, aunque puede ser una manera. Normalmente, las personas necesitan tocar fondo en sus vidas, para desear ese cambio. Es decir, haberlo pasado tan mal, que tienen la necesidad de buscar en lugares diferentes las respuestas que necesitan responder.

El primer paso es la voluntad, querer salir del trance del ego y desapegarte de tu identidad, lo cual significa, dejar ir tus creencias, como hemos visto, para dejar que se manifieste el Amor en tu vida.

Después necesitas fe, porque te encontrarás con muchos obstáculos durante el camino, que te harán dudar y pensar que nada es real, y el ego intentará por todos los medios ganar la batalla y demostrar que tu programación mental es la correcta, encontrando cualquier tipo de justificación válida para alejarte del camino espiritual.

En ese momento tienes que mantenerte alerta y tratar de ser consciente de los engaños de tu mente para no desviarte de tu sendero hacia la felicidad y la realización.

A veces, esa línea que separa la lógica del engaño es tan sutil, que realmente es difícil entender si es tu mente intentando jugarte una mala pasada y hacerte volver a la zona de confort, o si verdaderamente la situación es real. Recuerda:

Dios está dentro de ti, no hay separación.

Por lo tanto, no temas, porque tienes al Creador del Universo de tu parte. ¿Qué podría salir mal?

Quiero aclarar que no es mi intención hablar de religión, sino transmitirte la importancia de conocerte a ti mismo para recuperar el poder creador que tienes dentro, y con él puedas llevar a cabo obras maravillosas en tu vida e inspirar a tus hijos a que hagan lo mismo con la suya.

Puedes poner a esa Fuerza Superior el nombre que más te guste, lo importante es que lo llames de alguna manera y aceptes que la Vida no empieza ni termina en uno mismo. Solo de esa manera puedes acercarte a tu verdadera naturaleza y dejar de sentirte perdido y desorientado, y entender por fin que puedes volver a tu "casa" siempre que lo desees.

31

MADURA Y SÉ UN BUEN EJEMPLO

"La madurez es cuando dejas de quejarte y poner excusas en tu vida. Te das cuenta de que todo lo que sucede en ella es el resultado de la elección previa que hiciste y comienzas a tomar nuevas decisiones para cambiar tu vida"

(Roy T. Bennet)

En la vida se nos enseña que debemos crecer, madurar y ser responsables. Pero, **¿qué significa ser responsable?**

Déjame decirte que no es tener un trabajo estable, ser independiente, saber gestionar bien tus entradas, así como cuidar bien de tus hijos, sino **hacerse cargo de lo que sucede en tu vida y no buscar culpables fuera de ti.**

Eso es ser una persona madura: <u>asumir los propios errores y tomar acción para remediar, sin buscar excusas o versar la culpa contra alguien o algo externo.</u>

Hay que reconocer que no hemos tenido buenos modelos de personas responsables y maduras alrededor. En la mayor parte de los casos, nuestros padres se quejaban de sus problemas y los justificaban poniendo como causa al gobierno, a los familiares, a la genética...

¿En cuántas ocasiones hemos escuchado a nuestros familiares o maestros decir que eran los responsables de su situación? Muy pocas o ninguna diría yo.

Este es el motivo por el que te cuesta tanto admitir tus errores y hacerte responsable de tu vida. La razón es que no has recibido un modelo correcto, casi nadie o muy pocos afortunados lo han tenido, sencillamente porque nuestros padres no habían alcanzado este nivel de conciencia, y por supuesto, tampoco lo habían aprendido de sus familias. Por lo tanto, no te lo podían enseñar.

Lo que más me chocaba al principio, cuando comencé todo el proceso de desarrollo personal y espiritual, era lo mucho que se queja la gente allá donde vayas.

Te pido que hagas un experimento, la próxima vez que hables con alguien, apunta en un papel todas las cosas de las que se ha quejado. Aunque no tenga motivos para lamentarse, seguro que se va a quejar de algo, ¡aunque sea del tiempo! No falla nunca.

Lo más increíble de todo es que tú también haces lo mismo cuando no asumes el control de tu mente de manera consciente, especialmente cuando te juntas con más personas, ya que su energía te arrastra a hacer lo mismo.

Si deseas ser feliz, y sobre todo dar un buen ejemplo a tus hijos, tu única opción es responsabilizarte totalmente de tu vida, porque solo esa madurez va a cambiar las circunstancias.

Además, la queja, como hemos visto, te aleja de la felicidad, porque es lo contrario a la gratitud, es no reconocer todo lo bueno que posees y toda la abundancia que está por llegar a tu vida.

Querido lector, antes de continuar y entrar de lleno en la parte más práctica del libro, me gustaría hacer un resumen de todo lo expuesto hasta ahora, para afianzar los conceptos aprendidos:

- Debes hacerte responsable de tu vida para querer mejorar, ya que nada ni nadie puede venir a salvarte.

- Seguir aprendiendo a lo largo de la vida te va a dar una sensación de progreso y plenitud incomparable.

- Diariamente vives ocasiones en las que puedes mejorar, es tu deber aprovecharlas y no dejarlas pasar.

- Tienes que vaciarte de todo aquello que te limita para aprender todas las aptitudes necesarias que te lleven a cumplir tus sueños.

- Deja entrar lo nuevo en tu vida y desházte de todo aquello que te ata al pasado.

- Tienes que subir tu nivel de exigencia para poder dar el máximo que puedes ofrecer al mundo, y ponerte a la altura de tus deseos.

- Cuanto más te conozcas, más cerca estarás de tu Creador, y por tanto mayor crecimiento espiritual experimentarás.

- Madura tomando el control de tu vida para ser feliz.

¡Te felicito porque estás haciendo un trabajo fabuloso! Verás como los primeros resultados superan las expectativas. Lo más fascinante del proceso es que, ¡la realidad supera la ficción!

Te irás dando cuenta de que cuando abres tu corazón, te suceden cosas mucho mejores de las que esperabas, y entonces entiendes que realmente este proyecto no depende de ti, sino que hay una Fuerza Superior que controla el Universo y vela por ti en todo momento, para que tus sueños se hagan realidad.

Por una parte, ser consciente de este hecho asusta en principio, pero por otro lado, aprendes que no estás solo en tu camino, sino que eres guiado y protegido en todo momento.

Quiero compartir contigo un fragmento del libro de Louise Hay, "Pensamientos del corazón", el cual te hará reflexionar:

"Confía en que tu guía interno te está llevando y guiando en maneras que son las mejores para ti, y que tu crecimiento espiritual está continuamente expandiéndose. Sin importar qué puerta se abra o cuál se cierre, siempre estás a salvo. Eres eterno.

Seguirás para siempre de experiencia en experiencia. Mírate a ti mismo al abrir las puertas hacia la felicidad, la paz, la sanación, la prosperidad y el amor. Puertas hacia la comprensión, la compasión y el perdón. Puer-

tas hacia la libertad. Puertas hacia tu propio valor y autoestima. Puertas hacia el amor por ti mismo. Todo está aquí ante ti. ¿Qué puerta abrirás primero?"

PARTE 4:
PASA A LA ACCIÓN

"Hasta que no te pongas manos a la obra, no vas a ser consciente de tus verdaderas capacidades, porque estas se desarrollan únicamente cuando tienes el valor de perseguir tus sueños"

Teresa Vitaller Gonzalo.

32

ELIGE BIEN TU DESEO

Llegados a este punto, seguramente estés pensando cómo debes hacer para materializar todo lo expuesto hasta ahora.

Para empezar, tienes que tener muy claro el objetivo que te pones por delante. Debe ser un deseo que provenga de tu corazón y de tus anhelos más auténticos para que a través de él puedas realizarte.

Has contactado con tu niño interior y has descubierto cuáles son sus aspiraciones más profundas. Escúchalo y no te dejes engañar por los condicionamientos de tu mente. Intenta que no haya ninguna interferencia externa a la hora de establecer tu deseo.

A veces uno piensa que su deseo es auténtico, pero en realidad está condicionado por el entorno, ya que su finalidad es únicamente la satisfacción individual. Tu pregunta en este momento es:

¿Cómo puedo distinguir si mi deseo es auténtico o si por el contrario está influenciado por el contexto?

La respuesta es bien sencilla, <u>los deseos que provienen de tu corazón tienen una intención profunda</u>, y de una manera u otra, buscan el bien común, porque como ya sabes estamos todos unidos por medio de la energía universal, y aquello que hace bien a los demás, te hace bien a ti también.

Sin embargo, <u>los deseos que provienen de la influencia del mundo</u>, normalmente tienen una intención egoísta, y nos proporcionan un placer muy breve, porque <u>no respetan la ley universal de dar y recibir.</u>

Es decir, al pensar solamente en ti, estás dando muy poco, porque te limitas a satisfacer únicamente tus necesidades humanas, por lo tanto obtienes una felicidad limitada.

Por eso, cuando el ser humano se centra únicamente en el aspecto material de la vida, acaba frustrándose. La satisfacción de ese tipo de deseos, proporciona un placer momentáneo, y acaba dejando una sensación de vacío en la persona.

Sin embargo, **cuando conectas con el deseo de tu corazón**, que está en sintonía con todo el universo, **la recompensa que recibes es mucho mayor**, ya que dejas de buscar tu propio beneficio y te vuelves un ser completo, la persona que estabas destinada a ser.

Un deseo auténtico es casi como un susurro. Es delicado y frágil, porque no proviene del ego, sino del amor. Si no bajas el volumen de tus pensamientos, no podrás escucharlo, porque no se impone ni quiere prevalecer, sino que debes buscarlo en las profundidades de tu ser.

Tu vida finalmente cobra un sentido y entiendes porqué viviste todas aquellas experiencias dolorosas.

Empiezas a apreciar tus talentos y a quererte por lo que realmente eres, y no por lo que la gente espera de ti.

La vida vuelve a sonreirte, porque has recuperado la espontaneidad y el asombro de un niño.

¿Entiendes la importancia de elegir bien antes de comenzar tu planificación?

Es la base de tu felicidad, por eso tómate el tiempo necesario para reflexionar sobre tu vida, y sobre lo que te dicta tu intuición, intentando eliminar todas las influencias externas.

Te propongo a continuación un ejercicio para que te sea más facil buscar en tu interior aquello que más deseas. Responde con total sinceridad y tratando de desidentificarte de tu situación actual:

- ¿Qué era aquello que más te entusiasmaba cuando eras pequeño?

- ¿Cuál es aquella actividad que te apasiona y harías incluso gratis durante el resto de tu vida?

- ¿Qué es eso que se te da tan bien y sientes que cuando hablas del tema, la gente tiene en cuenta tu opinión?

- ¿Cuál es el motivo por el cual te levantarías de un salto de la cama con ganas de empezar el día?

- ¿Cuál es el sueño que te pone de buen humor y te da la energía como para afrontar cualquier reto?

Estas pueden ser algunas pistas para acercarte a tu deseo, pero en realidad, si bajas el volumen de tus pensamientos y expectativas, podrás escuchar el mensaje de tu corazón claramente.

Tú sabes muy bien cuál es el deseo puro y noble que llevas dentro y sabes también cómo llevarlo a cabo.

No necesitas que nadie venga a descubrir tu talento, ni a indicarte el camino a seguir, porque dentro de ti hay una voz que sabe guiarte por el camino justo. Recuerda esto:

NADIE PUEDE CONOCER MEJOR TUS DESEOS QUE TÚ, POR LO TANTO NO ESCUCHES VOCES AJENAS, SIGUE A TU CORAZÓN Y VES SIN MIEDO.

Así que concéntrate bien, conecta con tu verdadera esencia y una vez que hayas elegido con el corazón, puedes pasar a la planificación.

33

ESTABLECE UN PLAN CLARO

"Un objetivo sin un plan es solo un deseo"

(Antoine de Sant- Exyupèry)

Un aspecto fundamental del progreso es ponerse manos a la obra. Oséa actuar y no quedarse esperando a que las cosas pasen. Cuando ya has definido claramente tus objetivos, y sabes cuáles son tus sueños, tienes que crear un plan detallado para alcanzarlos en un periodo de tiempo determinado.

<u>De nada sirve tener sueños y proyectos de futuro, si no les pones una fecha y estableces un método concreto para llevarlos a cabo</u>.

Te pongo un ejemplo: si tu pasión es bailar y tu sueño sería ganar concursos de baile a nivel nacional, no tiene sentido seguir practicando en casa o viendo videos de gente que baila muy bien y entrenar por tu cuenta. Las acciones que lleves a cabo tienen que ser coherentes con tu sueño.

Un plan adecuado sería buscar la mejor escuela de baile de tu ciudad y buscar el mejor entrenador para empezar a practicar lo antes posible. Y entrenar cuantos más días mejor. Porque no se consiguen grandes resultados sin esfuerzo. No existen los milagros y no hay secretos.

> **El que más obtiene es el que más se esfuerza en la vida**.

No es la suerte, la casualidad, la genética, el talento o la falta de él. Esas son las excusas de las personas que no han logrado cumplir sus sueños, y usan ese tipo de argumentos para justificarse y no sentirse tan mal consigo mismos.

Piensa por ejemplo en un grupo de madres que se ha alejado un poco de su forma física ideal, y ven a una mujer con hijos y que conserva un aspecto envidiable, lo primero que hacen es criticarla: "seguramente para estar así será una superficial que no piensa en los hijos, sino solo en sí misma, en ir al gimnasio y cuidarse".

De esa manera justifican el hecho de que el motivo por el cual ellas tienen ese aspecto es porque son mejores madres que aquella mujer espectacular, aún sin conocerla personalmente y no tener ni idea de qué tipo de persona es, los sacrificios que hace en la vida y cómo educa a sus hijos.

Por desgracia, sé que funciona así, porque he vivido numerosas situaciones de ese tipo, pero hace mucho que decidí alejarme de esa manera de pensar tan mediocre, porque me di cuenta que la gente critica aquello que más desea y que no tiene el valor de hacer.

¿*Porqué la mayoría de las personas son tan hipócritas de criticar aquello que más desean, pero que creen que no son capaces de conseguir por todas las limitaciones mentales que arrastran?*

La respuesta querido lector, es que esa gente no quiere hacer el esfuerzo de hacerse responsable de su vida y aceptar que todo lo que le ocurre es por causa suya. Por eso, para justificar su situación, usan la crítica o la excusa, antes de reconocer que a lo mejor no han obtenido lo que desean porque no se han esforzado lo suficiente.

Las personas de más éxito en la vida son las que se esfuerzan más que nadie. ¿Te suenan estos nombres?

Oprah Winfrey, Steve Jobs, Bill Gates, Marck Zuckerberg, Walt Disney, Henry Ford, Amancio Ortega...

Todos ellos tienen algo en común: aprendieron desde el principio que para cumplir sueños tienes que dar el máximo de ti mismo y no detenerte ante nada.

"Lo importante es marcarse metas en la vida y poner toda tu alma en cumplirlas"

(Amancio Ortega)

No importa lo que quieras conseguir en la vida, el camino es uno sOlo: **ESFUERZO Y PERSEVERANCIA.**

Y para ello es imprescindible tener un **plan de acción**, donde vayas marcándote las metas a alcanzar en cada fase de tu vida, porque está claro que la vida es una evolución constante y hay que marcarse siempre metas superiores, para no dejar de progresar y quedarte estancado.

Voy a darte una serie de indicaciones para que elabores tu propio plan de acción hacia la realización de tus metas más auténticas:

- **Piensa en tu deseo y defínelo claramente por escrito**. Intenta ser lo más específico posible, ya que si no eres concreto, no sabrás cuáles son las acciones adecuadas a emprender en cada momento.

- Una vez que has definido lo que deseas conseguir, **piensa en lo alejado que estás en este momento de ese resultado**. En base a eso, podrás establecer el periodo de tiempo necesario para obtenerlo.

- Cuando hayas establecido el tiempo necesario para alcanzar tu deseo, **tienes que ponerte pequeñas metas a corto plazo que te acerquen gradualmente a la consecución de tu sueño**. Esas pequeñas metas te van a permitir adquirir las habilidades necesarias para alcanzar tu objetivo. Deben ser realistas y enfocadas al resultado, ya que si te pones metas muy altas, puedes perder la motivación enseguida y tener la tentación de abandonar.

- Finalmente, **tienes que tener fe, y mirar con optimismo al futuro**, esperando con paciencia que lleguen los resultados de tus acciones, ya que muchas veces, tu deseo no se obtiene inmediatamente, sino que hace falta un periodo de tiempo más largo del que habías previsto, y ahí es cuando tienes que aferrarte a la intensidad de tu deseo y a los motivos por los que lo deseas tanto.

Por eso es importante que el deseo provenga de tu corazón, porque en caso contrario no tendrás la fuerza necesaria para superar todos los obstáculos del camino.

Solamente por un anhelo auténtico puedes resistir a todas las tempestades que encontrarás en el camino.

Considera que cuando plantas la semilla de tu deseo en terreno fértil, no vas a recoger enseguida los frutos. La mayoría de las veces se trata de un proceso largo, en el cual habrá pruebas, obstáculos que superar, caídas, avances, retrocesos... No pienses que por haber elegido un deseo auténtico va a ser todo fácil y bonito.

No quiero engañarte, porque no es la realidad. Quiero prepararte y decirte que hay que mentalizarse sobre el hecho que para conseguir cualquier cosa en la vida hay que dar algo a cambio: tiempo, dinero, atención, cariño...Y esa cantidad de esfuerzo, es proporcional a lo que deseas conseguir.

Por lo tanto, si te has puesto una meta elevada, debes ser consciente de que no lo conseguirás de la noche a la mañana. Pero si tienes un motivo lo suficientemente consistente como para resistir y superar las dificultades que irán apareciendo, ten por seguro que lograrás tu objetivo.

34

DEJA ACTUAR A LA INSPIRACIÓN

"Las mejores y más bellas cosas del mundo no pueden ser tocadas o vistas, deben ser sentidas con el corazón"

(Hellen Keller)

La inspiración es tu voz interior que está conectada con el Amor infinito, por lo tanto, puede llevarte solo por buen camino si te decides a seguirla.

Una vez que hayas conectado con tu niño interior y visualizado con claridad tu deseo, ella empezará a enviarte señales para actuar en esa dirección. Te vendrán ideas a la cabeza en el momento que menos te lo esperas: por la noche, mientras conduces o te duchas. Tendrás que estar atento a no dejarla escapar, y ponerla por escrito lo antes posible con toda serie de detalles, porque a veces esa idea no vuelve a aparecer.

Te propongo a continuación una serie de pautas para que te sea más fácil dejarte guiar por tu inspiración en la cotidianidad:

- ✓ Cada día por la mañana pasa unos momentos a solas contigo mismo y escucha tu voz interior. Aprovecha para conectar con tu energía y agradece de corazón por todo lo que posees.

- ✓ Decide cada día al levantarte llevar a cabo una buena acción sin esperar nada a cambio. Esto te ayudará a anclarte a tu parte más pura y menos contaminada por el ego.

- ✓ Vence la pereza y ponte metas elevadas para salir de tu rutina habitual. Haz aquello que has estado posponiendo hasta ahora, ya sea irte a correr, hacer esa llamada de teléfono... Estar en el sofá tumbado o levantarte con el tiempo justo no son hábitos que te acercan a conseguir tu objetivo.

- ✓ Sé sincero contigo mismo y no te pongas más excusas. Reconoce de una vez que has estado poniéndote en segundo plano hasta ahora, pero por fin vas a empezar a trabajar para conseguir todo lo que estás destinado a ser.

- ✓ Busca la oportunidad para tomar inspiración en cada cosa que haces. Si le pones la intención adecuada a tus acciones, comprobarás que puedes usar las circunstancias a tu favor para inspirarte.

- ✓ Por último, no desistas jamás. No permitas que la vergüenza o el miedo te alejen de tus sueños. Cada caída es una oportunidad de aprendizaje y mejora.

La creatividad requiere el coraje de pensar y actuar por medio de la inspiración. Piensa que los más grandes avances de la historia no se han logrado por medio de la razón. Vivimos en una sociedad demasiado racional, pero la verdad es que los mejores logros de la humanidad provienen de la inspiración.

Lo que es imposible para la mente, es posible para el espíritu. Piensa en las personas que lograron estos avances para la humanidad:

- La invención de las aeronaves y entre ellas, principalmente la de los aviones, acortó las distancias del planeta. Como bien sabemos, esto se lo debemos en gran medida a los hermanos Wilbur y Orville Wright, quienes nunca dejaron de soñar en algún día poder volar.

- En el año 1928 el escocés Sir Alexander Fleming descubrió las capacidades antibióticas de la penicilina presentes en el hongo Penicillium chrysogenum y hasta entonces, el mínimo error médico, una infección o cualquier tipo de herida, podía convertirse en un enorme y fatal problema. Su descubrimiento trajo importantísimos avances en la medicina, la salud y la calidad de vida de las personas. A partir de entonces se desarrollaron todo tipo de antibióticos, se logró tratar toda clase de infecciones y la tasa de mortalidad descendió en gran medida.

- En 1879 Thomas Alva Edison inventó la bombilla, permitiendo a todo el mundo poder disponer de luz eléctrica en los hogares, a pesar de que en su niñez fue diagnosticado como un incapacitado mental.

Si todas estas personas no hubieran ido más allá de los límites de la lógica y la razón, hoy no podríamos disfrutar de los aviones, de los antibióticos o de la luz eléctrica en los hogares, avances que nos permiten vivir con muchas más ventajas respecto a varios siglos atrás.

No me imagino a los hermanos Wilbur pensando en cómo diseñar su avión sin dejarse guiar por la inspiración. Aquello que no ha sido nunca realizado, no puede copiarse, o imitarse. Puede solo existir en la mente de quien lo visualiza y posteriormente, lo crea en el plano material.

Así que no te preocupes si te vienen ideas que, según la lógica parecen disparatadas, o nadie cree en ellas. Nadie creyó en todas las personas que te he nombrado, pero que hoy son historia por sus logros para la humanidad.

Sigue tu intuición y no tengas miedo de ser diferente a los demás. Piensa en el legado que puedes dejar a tus hijos y a las futuras generaciones con tu contribución. Piensa en grande y dejarás un gran legado. No dudes de tus capacidades y de tus ideas, solo porque no encajen en lo socialmente establecido. Atrévete a crear, a romper moldes. Sigue tu intuición y haz lo que debes hacer.

35

DESPLIEGA TU POTENCIAL

" El logro real no depende tanto del talento como de la capacidad de seguir adelante a pesar de los fracasos"

(Paulo Coelho)

En la vida, todos pasamos por dificultades y crisis, y es en medio de esa tempestad, cuando descubrimos potencialidades que no creíamos poseer. Suele decirse que la cometa vuela más alto cuando tiene el viento en contra, y de la misma manera, te haces más grande ante los desafíos de la vida, porque sacas fuera la fuerza que llevas dentro.

Como bien sabes, la función de tu mente es protegerte, por eso si una situación puede llegar a ser nociva para tu salud, física o emocional, se activarán partes de tu cerebro que normalmente están dormidas. De esta forma, puedes usar habilidades que normalmente no utilizas por una serie de motivos, entre los cuales el miedo o la vergüenza.

La buena noticia, es que no necesitas tener problemas para sacar tu potencial, porque cuando conectas con tu pasión se vuelve algo mucho más fácil. Te vas a sorprender de lo fascinante que eres y de lo mucho que puedes llegar a lograr cuando empiezas a creer en ti.

1. El primer paso es **creer que lograr ese sueño es posible para ti.**

2. Luego tienes que **buscar referencias de gente que ha logrado lo que deseas** y ver las habilidades que poseen, de forma que sepas hacia donde se tienen que dirigir tus esfuerzos.

3. A continuación **debes visualizarte con aquello que deseas**, de manera que sientas la emoción de tenerlo ya en tu vida, lo cual te ayudará a mantener alta la motivación para continuar el camino. Plantéate el esfuerzo que debes realizar para conseguirlo y establece un compromiso firme hacia ello. No te marques ningún objetivo para el que no estés dispuesto a pagar el precio, ya que solo generará frustración y malestar, con lo cual estarías perdiendo tu tiempo y energía.

4. Una vez que has visualizado claramente cómo sería tu vida con tu deseo cumplido, te será mucho más fácil **realizar tu plan de acción.**

36

APRENDE A GESTIONAR EL TIEMPO

"Esta es la clave para la gestión del tiempo, ver el valor de cada momento"

(Menachem Mendel Schneerson)

La buena gestión del tiempo es cuestión de compromiso y autoestima. De compromiso, porque si no eres íntegro, dices que vas a hacer una cosa, y luego no la respetas, no por falta de tiempo, sino por falta de integridad. Y esta deriva de la falta de autoestima; si te amas lo suficiente, aprecias el tiempo que tienes para hacer algo productivo.

Al empezar a gestionar bien tu tiempo, das más valor a tu vida y a ti mismo, ya que entiendes que el tiempo perdido no se puede recuperar.

Cuanto mejor gestionas tu tiempo, más te gustas y te respetas. Y cuanto más te gustas y te respetas, mejor gestionas tu tiempo. Cada aspecto refuerza al otro.

Para tener tiempo de hacer lo que hay que hacer, para llegar a donde quieres llegar, **hay que centrarse en lo importante**. El tiempo que dediques a acercarte a tu visión está bien empleado.

Cuanto más tiempo dediques a las actividades que te acercan a tus objetivos, menos tiempo te quedará para todas esas cosas innecesarias que absorben tu tiempo.

> **Es fácil rechazar algo cuando tienes otra cosa mejor que hacer.**

Normalmente, la gente que no tiene proyectos o aspiraciones personales, es la que más pierde el tiempo en cosas innecesarias, precisamente porque no tienen otra cosa mejor que hacer.

Cuando tienes muy claro dónde quieres llegar en la vida, automáticamente descartas el resto de opciones, y te resulta natural rechazar aquello que no te acerca a tu deseo.

Se trata de aprender a establecer prioridades, distinguiendo aquello que es importante de lo que no lo es, y eliminando de tu rutina habitual todas aquellas actividades que te alejan de tus sueños.

A continuación te doy una serie de consejos para que puedas gestionar mejor tu tiempo:

- Lo primero, como ya hiciste en el capítulo anterior, es identificar tu visión, así como las metas que contribuyen a alcanzarla. Todo aquello que no contribuya a acercarte a ella, no deberías hacerlo.

- Realiza una lista detallada del tiempo dedicado a las tareas que realizas diariamente.

- Para cada tarea identificada, la clasificas en función de su importancia y su urgencia en la matriz que te propongo a continuación. Esta clasificación debería ser realizada en función de su contribución al cumplimiento de tu plan de acción.

- Tras la clasificación, **comprueba si las tareas han contribuido a que alcances tu visión y cuánto tiempo has empleado en ello.**

- Este ejercicio te **permite tomar conciencia sobre las tareas que te llevan a alcanzar tus metas, y las que te hacen solo perder el tiempo**. Si eres sincero contigo mismo, te darás cuenta de que pierdes mucho tiempo al cabo del día en cosas innecesarias. Es necesario que seas disciplinado en llevar a cabo en tu día a día solamente la tareas importantes y urgentes para poder acercarte gradualmente a tu objetivo. Para ello tienes que pensar y planificar antes de actuar. Cuando haya imprevistos, usa el sentido común. Si se trata de algo urgente pero no importante, puedes delegar esa tarea en alguien de confianza, para poder ocuparte de lo importante. Si por el contrario ni es urgente, ni importante, lo mejor es desechar esa tarea, ya que no aporta nada a tu visión.

- **Revisa tu plan de acción tras haber determinado con exactitud el tiempo que tienes a disposición para invertirlo en las tareas más importantes**.

- **Planifícate todos los días y si puedes el domingo por la noche haz una previsión de toda la semana.** En esta planificación debes revisar tu visión de futuro, las metas anuales que has establecido para alcanzar la visión y debes establecer los objetivos semanales asignando tiempos razonables para su realización. Cada día revisa tu plan.

Querido lector, piensa en esto:

El día tiene 24 horas, de las cuales se presume que 7 u 8 las destinas a dormir, con lo cual te quedan 16.

Si de 16 pongamos que trabajas una media de 8 horas, te quedan otras 8. ¿De verdad crees que de esas 8 horas, si te planificas de manera adecuada, no puedes recortar 2 o 3 horas para hacer aquello que deseas? Aunque suponga tener que madrugar o acostarte más tarde.

No puedes alargar las horas del dia, pero sí puedes sacar más tiempo, eliminando aquellas actividades que te distraen y te alejan de tus objetivos. Responde el breve cuestionario que te propongo a continuación y trata de ser lo más sincero posible:

- Al cabo del día navego por redes sociales .... horas
- Durante el día veo la televisión...........horas
- Paso al teléfono ya sea hablando o conectado a whatsapp..........horas

Ahora suma todo ese tiempo y multiplícalo por 7 y obtendrás la cantidad de horas semanales que estás dedicando a actividades que no aportan nada interesante a tu crecimiento y desarrollo, por muy entretenidas que puedan ser.

El hecho es que si sigues haciendo cosas por placer o entretenimiento, ahora que tienes un nivel de conciencia más alto, no solo estarás dando un ejemplo erróneo a tus hijos sobre cómo invertir su tiempo, sino que estarás desperdiciando valiosas ocasiones para dirigirte hacia la vida que sueñas, y el tiempo perdido nunca volverá.

Ya sabes que no tienes más excusas, si te lo propones de verdad, puedes hacer aquello que hace mucho que estás aplazando, porque dices que no tienes tiempo.

Ahora has comprobado que puedes hacerlo perfectamente, porque acabas de darte cuenta de todo el tiempo que malgastas cada día en mirar el móvil, hablar por teléfono o simplemente porque no planificas bien las tareas y pierdes más tiempo del debido en llevarlas a cabo.

Por ejemplo, algo tan necesario como hacer la compra. ¿Te organizas bien con una lista preparada previamente y vas directo a lo que te hace falta, o por el contrario eres de los que se recorren el supermercado 10 veces intentando recordar lo que necesitan?

Si perteneces a la segunda categoría, fíjate en cuánto tiempo estás usando de más, respecto a si tuvieras las ideas claras y fueras directo al objetivo.

Ese tiempo añadido, lo recortas a otras actividades, porque las horas del día son las que son. Y así sucede con todo, si no te sabes planificar bien, tu atención está dispersa, y pierdes más tiempo del necesario en realizar cualquier actividad.

Cuando aprendas a organizarte bien y no pierdas tiempo en cosas innecesarias, verás que eres capaz de realizar mucho más de lo que pensabas, y te darás cuenta de lo que has perdido el tiempo hasta ese momento y no querrás volver a desperdiciarlo nunca más.

Especialmente porque ahora te amas más que nunca, y sabes el valor que tienes, por lo tanto entienes que perder el tiempo en tonterías, como cotillear las redes sociales de otros o ver la televisión, no te lleva a mejorar ningún aspecto de tu vida

"Ser consciente del valor de tu propia vida, es lo que te impulsa a no desperdiciarla y a querer invertir bien tu tiempo"

Teresa Vitaller Gonzalo

37

DISFRUTA LA VIDA

"El tiempo que se disfruta es el verdadero tiempo vivido"

(Jorge Bucay)

Querido lector, estamos llegando a la última parte del libro, y espero que a estas alturas seas más consciente de que ser feliz depende solo de ti. Es una decisión que haces cada día al levantarte y la mantienes, a pesar de las circunstancias. Si buscas dentro de ti, encontrarás esa fuerza que te impulsa a perseguir tus sueños y a apostar por una vida mejor.

Esa fuerza que te hace sacar tu poder interior y te da la carga energética para afrontar cualquier reto. Atrévete a seguirla, porque una vida mejor es posible para ti y tu familia. Ofrece a tus hijos suficientes motivos para creer en sus propios sueños, haciendo realidad los tuyos.

Quiero darte una serie de consejos sinceros para que disfrutes al máximo de tu vida y des a tus hijos la enseñanza de una existencia plena y satisfactoria:

Invierte cada día tiempo en saber cómo estás y cuáles son tus necesidades, escuchando los mensajes de tu cuerpo.

Si sientes que en algún momento las circunstancias te superan, te hace falta parar a escuchar tu mensaje interior. Deténte por un momento, respira y vuelve a conectarte con tu esencia. A veces queremos hacer tantas cosas, que se nos olvida lo más importante, que es estar conectados con nosotros mismos.

Nos centramos únicamente en lo externo: el trabajo, los hijos, la casa, las llamadas, la compra, los deberes...¿pero, qué hay de ti?, ¿cómo está tu estado de ánimo?

Necesitas hacer una introspección y ver cómo estás por dentro y averiguar qué necesitas para estar mejor. Sigue todas las indicaciones que te he dado en los capítulos anteriores, y verás mejorar tu vida de manera sorprendente.

No infravalores las señales que te manda tu cuerpo cuando de repente te viene un dolor fuerte, de cabeza o de espalda por ejemplo. Está intentando decirte que te pares un momento, que bajes el ritmo y pienses un poco más en ti.

Tu cuerpo te envía mensajes constantemente, el problema es que la mayor parte de las veces vienen ignorados, y solamente los atiendes cuando los síntomas se convierten en un problema de salud.

Tu cuerpo es un reflejo de cómo estás por dentro, así que préstale más atención, porque te manda indicios importantes sobre hacia donde debes enfocar tu atención.

Cuando te sientas desorientado, para un momento, ralentiza tu nivel de actividad, respira profundamente 3 veces y busca dentro de ti la voz de tu niño interior.

Escucha el mensaje de tu cuerpo, mírate al espejo más a menudo y observa tu rostro: ¿es una cara relajada o por el contrario estresada?.¿Qué postura adoptas normalmente? ¿Vas erguido y seguro de ti mismo por la vida, o por el contrario llevas normalmente los hombros caídos debido a la gran carga que soportas?

Fíjate en todos estos detalles, porque dicen mucho más de lo que imaginas de tu estado interior.

Piensa en lo que te hace falta en cada momento, y no acumules estrés o frustración innecesarios. A veces puede bastar tomar una taza de té, hacer una llamada de teléfono, escribir un mensaje, darte un baño caliente o dar un paseo al aire libre. No es necesario hacer grandes cosas, es en las pequeñas cosas donde reside la grandeza.

Sea lo que sea, haz lo que te haga falta para estar bien y vencer los pensamientos negativos que te alejan de la vida que deseas.

Mantente alerta siempre, y actúa rápidamente cuando presientas que tu entusiasmo y vitalidad empiezan a decaer. Haz aquello que te ayude a despejar la mente y subir tu energía, y no permitas que tu mente te domine. Cuando las dudas y el miedo asoman en tus pensamientos, corres el riesgo de perder el enfoque que tanto trabajo te ha costado crear. Tu trabajo es evitar que esto ocurra, usando todos los medios que tengas a tu alcance.

Personalmente, cuando siento que mis pensamientos limitantes me están empezando a controlar, no les doy ni cinco minutos. Mi técnica es sencilla y efectiva: como adoro la música, me pongo una canción a todo volumen que me ayude a elevar mi energía y vuelvo a conectar inmediatamente con mi esencia, alejando la negatividad de mi mente, de manera que puedo continuar el día enfocada en mi propósito.

Tienes que encontrar aquello que te haga sentir bien y te ayude a mejorar tu humor rápidamente.

Es así de simple querido lector, la vida es sencilla, no hay fórmulas secretas. Se trata de querer encontrar siempre la solución a tus problemas y poner remedio a tus estados de ánimo apáticos. Debes tomar el control de la situación y no ser una víctima de las circunstancias nunca más, sino el creador de tu vida.

Aprende a ver los problemas con un enfoque diferente y a tomarte la vida con humor.

Como bien sabes, la realidad es relativa, y depende del estado emocional desde el que la afrontes. Para ser feliz y transmitir esa alegría a tus hijos, tu principal tarea es aprender a ver los "problemas" desde una perspectiva distinta y enfocarte siempre en la solución.

Los niños necesitan modelos de adultos equilibrados que no se dejen llevar por sus emociones, sino que sepan escoger adecuadamente sus pensamientos y demuestren humildad en sus actos.

Afronta tus problemas con humor y aprende a reirte de ti mismo, te ayudará muchísimo a la hora de encajar las críticas y comentarios de la gente.

Cuando te equivoques, ríete tu primero y deja a los demás descolocados. Porque cuando asumes que todo lo que te ocurre es para tu bien, ya no temes a nada ni a nadie, y entiendes que la vida es un juego, en el que hay que conocer las reglas para ganar.

Y ya has aprendido que gana la partida el que llega hasta el final, superando todos los obstáculos. Para eso hay que concentrarse en lo bueno y alejar lo malo, así que ¡dale la espalda a la tristeza y al pesimismo! y abre los brazos y el corazón para que entre en tu vida la alegría, la estabilidad y la abundancia.

Están justo ahí, detrás de todas esas dificultades que te parecen tan grandes e imposibles de superar. Si les sabes dar la espalda y te giras hacia tus sueños, ni te imaginas todo lo que llegará a tu vida, cosas que ni siquiera hubieras soñado, que están esperando a materializarse una vez que te decidas a perseguirlas.

Comparte tu alegría con los demás.

Uno de los secretos para ser más feliz en la vida, es compartir los éxitos con las personas que nos quieren. Se nos ha acostumbrado culturalmente a contar sobre todo lo malo. Es lo que hemos visto hacer a nuestros padres y semejantes, y por tanto es lo que hemos asimilado.

Pero en realidad, si lo piensas, es algo tremendamente egoísta. Deberías presentarte ante los demás con buenas noticias, para difundir un mensaje de alegría y bienestar por el mundo, no para contribuir a fomentar el pesimismo y el fracaso.

Y la verdad es que cuando nos pasa algo bueno, nos sentimos mal al contarlo a nuestros seres queridos, porque casi que nuestro éxito parece una ofensa en comparación a su situación.

Nos parece mal que puedan sentirse disminuidos, y acabamos por no contarlo o por rebajar nuestro nivel al suyo para no indisponerlos. Es un comportamiento totalmente erróneo y que debes empezar a cuidar si quieres brindar un buen ejemplo a tus hijos.

La humildad no se demuestra disminuyendo tus aptitudes y logros, sino estando seguro de las propias capacidades pero no sintiéndote mejor que nadie, ni teniendo la necesidad de demostrar nada.

Tienes que empezar a acostumbrarte a contar tus progresos a tus amigos y familiares, porque si de verdad te quieren y se preocupan por tu bienestar, se alegrarán por tu éxito.

Es tu deber inspirarlos y darles un ejemplo de felicidad y superación personal. La gente necesita buenos modelos alrededor, de personas como tú, que se atrevan a romper los moldes y a seguir su corazón.

No caigas en viejos patrones de victimismo y queja, eso ya pertenece al pasado. Ahora te has elevado por encima de todo eso y diriges tu vida de manera consciente hacia la realización de tus sueños.

Muestra gratitud por la vida

Como has visto, uno de los aspectos fundamentales de la felicidad es la gratitud por la vida, es decir, saber reconocer todo lo bueno que ya existe en tu vida. De lo contrario, estás perdiéndote muchas oportunidades de mejorar, al no apreciar lo que posees.

Ser agradecido te permite ver cada pequeña cosa de tu vida, como si fuera un milagro. Como decía Albert Einstein:

"Hay dos formas de ver la vida: una, es creer que no existen milagros, la otra, es creer que todo es un milagro"

Agradecer, te ayuda a conectarte a tu esencia, ya que en el momento que das las gracias, eres capaz de ver toda la grandeza que llevas dentro, y de alejar lo que no te ayuda a evolucionar, ya sean pensamientos, personas o situaciones.

Cuanto más agradeces, más te abres a recibir los regalos que la vida quiere hacerte. Te quitas la venda de los ojos y puedes admirar todas las maravillas que tienes a tu alrededor.

¡Tienes mucho que agradecer! Desde que respiras y estás vivo, hasta que tienes la capacidad de crear grandes cosas si te lo propones. ¿No es emocionante levantarte cada día con esa energía? Observa a tus hijos:

> **Son la mayor obra de arte que un ser humano puede realizar.**

No des por descontada la gran suerte que tienes de tenerlos a tu cargo durante un tiempo. Como bien sabes, llegará el día en que emprenderán el vuelo y extrañarás esos momentos en los que la casa siempre estaba desordenada, pero llena de amor y risas.

Esos días en los que no podías ni irte solo al baño cinco minutos, porque unos seres diminutos estaban pegados a tu regazo las veinticuatro horas.

Agradece por esta inmensa oportunidad de ser padre o madre, ya que es el mejor programa de crecimiento personal que existe en el mundo. Dales cada día las gracias por hacerte querer ser mejor persona. Por estimularte a superar tus defectos y potenciar tus habilidades.

Da las gracias siempre y en cada ocasión, aún cuando las cosas no van como te gustaría, porque esa experiencia te está ayudando a crecer y madurar un aspecto que necesitabas mejorar.

Cuando entiendes que todo es para tu bien, y te responsabilizas de tu vida, esta adquiere un color diferente, y comienzas a apreciar la belleza hasta en los pequeños detalles.

Elige bien tu compañía

Tu felicidad depende en buena parte del contexto en el que te mueves, ya que como sabes, la gente tóxica te roba energía y te impide ser tú mismo.

Además, como habrás notado, cuando te juntas con personas negativas o que tienen una visión limitada de la vida, si quieres sentirte a gusto a su lado, te ves obligado a adaptar tu carácter entusiasta al suyo, para no sentirte desplazado o juzgado.

Además si les tienes un cariño y os une una historia, te parece mal hacerles notar que has cambiado y que puedan sentirse incómodos con tu nuevo yo.

Somos seres sociales, y buscamos siempre adaptarnos a cualquier entorno, por eso es fundamental que a partir de ahora elijas bien el círculo en el que te mueves. Especialmente por tus hijos, ya que las personas con una mentalidad inadecuada, tienen también hijos inadecuados, que pueden influir de manera negativa sobre su desarrollo.

Es muy importante que aprendas a seleccionar bien a la que gente que frecuentas, y que gradualmente aprendas a decir que no a aquellas personas que no aportan nada a tu vida o que, por el contrario, ralentizan tu progreso.

<u>Rompe esquemas, ábrete a nuevos ambientes, empieza a frecuentar personas que compartan tus ideas y tu entusiasmo por la vida</u>, ya que os estimularéis los unos a los otros y os aportaréis elementos indispensables para vuestro crecimiento.

No te limites más por miedo a quedar mal con tus amigos. Acepta que la vida es una evolución constante, y por tanto, a medida que creces, tienes que reestablecer tus prioridades y modificar tu entorno. **Si quieres volar, no puedes permanecer atado al pasado**.

Es necesario abrir la mente y empezar a mirar la vida con los ojos de un niño, y para eso, a veces hay que decir adiós a algunas personas que no te dejan hacerlo, debido a sus limitaciones mentales y prejuicios.

Actúa con coherencia

Es de crucial importancia respetar tus propias ideas para sentirte a gusto contigo mismo. Una de las mayores fuentes de insatisfacción procede del no respetarte a ti mismo siendo coherente con lo que dices que vas a hacer.

Muchas veces, piensas que quieres hacer algo, pero luego encuentras mil excusas para no llevarlo a cabo. Ya sabes que la base del amor es el respeto, así que no respetar tus ideas, es equivalente a no amarte.

Puede que ahora entiendas el origen de muchos de tus malestares o frustraciones, que no tenían un motivo aparente.

Amarse signfica ser íntegro con las propias ideas y aspiraciones, y respetarlas, tratando de llevarlas a cabo en la medida de lo posible. Ser sincero contigo mismo es la base de todo el proceso de evolución personal.

Si te pones metas demasiado elevadas, puede que te rindas pronto al no ver resultados. No desesperes y sigue una línea lógica en tus actos. Intenta ser coherente con tus capacidades y ves poniéndote metas más elevadas a medida que vas mejorando gradualmente.

No te juzgues, simplemente disfruta del camino, y si te equivocas, utiliza ese aprendizaje para hacerlo mejor la próxima vez. Pero no permitas que los errores te alejen de tus sueños. Debes aceptarlos y asumir que son parte del proceso.

Respeta las opiniones de todo el mundo

Al igual que respetarte a ti mismo es fundamental para ser feliz, lo es también respetar a los demás, porque ya sabes que lo que haces a los demás, te lo haces a ti mismo, al estar todos unidos a través de la misma materia.

Permite que cada uno se exprese libremente y no critiques a nadie. No significa que tengas que tener afinidad con esa persona, ya que puedes pensar de manera diferente, pero no por ello tienes que imponer tus ideas o peor aún, criticar lo que no te gusta cuando se da la vuelta.

La crítica es el peor vicio de nuestra sociedad actual, se ha convertido en un deporte nacional, y lo más alarmante es que nadie se turba cuando pones verde a otra persona delante suyo. Debería ser la excepción y no la regla, pero desgraciadamente no es así.

No seas como la mayoría, y demuéstrales cómo se puede vivir mejor con tu ejemplo, respetando a todo el mundo, aunque tus opiniones no coincidan con las suyas.

Disfruta de cada instante

Durante el trayecto, no te olvides de ser feliz y vivir intensamente el presente, porque es lo único de lo que realmente dispones. El pasado ya no volverá y el futuro es incierto. Es importante tener proyectos y mirar hacia el futuro con optimismo, pensando en que lo mejor está por llegar, pero no por ello tienes que dejar de prestar atención al presente.

Uno de los errores en los que se suele caer cuando se comienza un proceso de desarrollo personal y se emprenden nuevos proyectos, es concentrarse más en el futuro que en el presente.

Tienes que ser lo suficientemente hábil como para no permitir que eso ocurra, y encontrar el equilibrio entre tus proyectos y tu día a día. Para ello necesitarás una buena planificación, como hemos visto en el capítulo anterior, y reservar cada día momentos de intimidad para tu familia y para ti mismo.

¡Disfruta de tus hijos, de los placeres de la vida, de tu relación de pareja, vive intensamente, saborea la vida y sobre todo no dejes de soñar!

Como decía John Lennon:

> *"La vida es aquello que sucede mientras planeamos el futuro"*

Así que permanece atento a no perderte lo que tienes ahora, por concentrarte demasiado en lo que quieres conseguir. Se trata de alcanzar un equilibrio en el cual aprecias y disfrutas lo que tienes, pero no pierdes el enfoque de llegar a obtener esa vida que definiste en tu visión.

Estoy muy orgullosa de que hayas llegado a este punto querido lector. Te has expuesto de una manera muy humilde y te felicito por el valor demostrado.

Hemos ido a las profundidades de tu ser y te has mirado al espejo siendo totalmente sincero y reconociendo que si no has conseguido lo que deseas de verdad, no es porque no hayas tenido la posibilidad, sino porque hasta ahora no habías creido lo suficiente en ti.

Aceptar esto no es tarea fácil, requiere mucha humildad y apertura mental, así que te doy mi enhorabuena, porque eso indica que **eres realmente especial y estás destinado a lograr grandes cosas en tu vida**. Puede que haya habido quien a un cierto punto haya cerrado el libro, porque no compartía ciertas ideas, y haya preferido permanecer en la zona de comodidad de su programación mental, pensando que a la autora de este libro se le haya ido la cabeza escribiendo todas esas barbaridades.

Esa gente no abrirá puertas nuevas en su vida, ni dejará entrar todas las maravillas que hay esperando a quien tiene el coraje de escuchar a su corazón.

Pero tú mi querido amigo, te has elevado por encima de tus creencias, comprendiendo el origen de tus miedos e inseguridades, y aceptando que eres un ser completo que no necesita buscar fuera el amor y la felicidad que lleva dentro. Has roto patrones familiares, esquemas mentales que hablan de limitación y has hecho la mejor apuesta por ti y tu familia.

Nadie podrá arrebatarte nunca el tesoro que llevas dentro; esa ilusión, ese entusiasmo por la vida, te pertenece por derecho de nacimiento. Protégelo, aliméntalo y hazlo emerger a la luz, para que las futuras generaciones tengan motivos para sonreir y ser felices también.

Dales a tus hijos razones para querer vivir con alegría y dedicarse apasionadamente a aquello para lo que han venido al mundo. Si no descubres tu mensaje, no serás capaz de descifrar el suyo, ya que el lenguaje del corazón es un mundo aparte.

Cuanto más te adentras en él, más cosas descubres y mejor podrás entender las señales que te mandan tus hijos constantemente.

Ser padre o madre, es toda una aventura. Los niños no vienen con manual de instrucciones, y la mayoría de las veces nos sentimos perdidos y nos cuestionamos si nuestras decisiones serán las adecuadas para su futuro.

No tengas miedo de ser tú mismo y de educarles de una manera "diferente", respecto a como lo hace la mayoría. **Pon tu sello de autenticidad** en cada pequeña acción, y el resultado será siempre bueno, aunque te equivoques, porque ese error te da más habilidades para mejorar y progresar como persona.

En la escuela no te enseñaron cómo cambiar pañales, dar el pecho o hacer biberones, preparar la cena mientras tus hijos lloran enganchados a tus piernas, secar lágrimas de decepción y convertirlas en esperanza o responder a preguntas como: "¿mamá, que pasa cuando uno se muere?"

No hay preparación posible para todo esto, sino que te preparas por el camino, y creces junto a tus hijos.

Cuando nace un niño, también nacen una madre y un padre, que experimentan una mezcla de emociones contradictorias al sujetar entre sus brazos a aquel diminuto ser y se dan cuenta de que por primera vez en su vida, tienen una misión más grande que ellos mismos.

Por eso, no te preocupes si alguna vez te sientes inadecuado, porque todos los padres se sienten así en algún momento, aunque muy pocos lo reconozcan.

Para tus hijos lo más importante es el amor y la seguridad que les transmites, y no van a fijarse en los fallos que hayas podido tener, sino en todo lo que haces por ellos para que crezcan felices y sanos.

En mi tercer y último libro de la trilogía, "**El viaje de vuestra vida**", te ofrezco una guía práctica donde encontrarás respuestas y soluciones concretas a tantas situaciones de la vida cotidiana que a veces se te escapan de las manos, pasando por todas las fases de la vida del niño: nacimiento, infancia y adolescencia.

Mi misión es ayudarte a mejorar la calidad de tu vida y la de tu familia, para que podáis disfrutar al máximo de vuestro maravilloso camino juntos.

La vida es un proceso de crecimiento constante, en el que primero debes ser consciente de quién eres y qué puedes aportar al mundo. Partiendo de esa base y habiendo recuperado tu energía y vitalidad naturales al conectar con tu verdadera esencia, estás preparado para afrontar todos los retos educativos que se te pondrán por delante.

Conozco muchos padres que se han rendido con sus hijos, porque llegados a la adolescencia, pierden completamente su autoridad con ellos. Y yo me pregunto:

¿Te has preocupado por saber quién es tu hijo y cuáles son sus aspiraciones? ¿Has establecido una comunicación sincera y directa con tu hijo desde las primeras etapas de la infancia?

¿Le has dedicado el tiempo, atención y cariño necesarios para su desarrollo adecuado? ¿Te has sabido ganar su confianza estableciendo y respetando de forma coherente normas beneficiosas para su desarrollo?

¿Has apoyado sus decisiones o por el contrario has criticado cada iniciativa que no coincidía con los planes que tenías para él?

Los niños no tienen la culpa de que sus padres estén demasiado cansados u ocupados, y no tengan tiempo para ellos.

Si no estableces las bases adecuadas desde la más tierna infancia, no puedes esperar ganarte la estima o el respeto de tus hijos cuando llegan a la adolescencia, porque como bien sabes, en esa etapa, la prioridad del niño pasa a ser sentirse aceptado socialmente por sus "semejantes", por lo tanto, la relación con los padres debe ser muy buena y tiene que haber unos valores sólidos para que no tome caminos equivocados.

De todo esto y mucho más hablaremos en "**El viaje de vuestra vida**", para que obtengas claridad sobre las consecuencias derivadas de tus decisiones y comportamientos, y entiendas qué aspectos debes regular para lograr la relación que deseas con tus hijos.

Antes de despedirme, me gustaría hacer un repaso general a todo lo expuesto a lo largo del libro, y te quiero dar una serie de recomendaciones finales para que saborees la vida cada momento.

Como hemos visto, **la felicidad se halla en tu interior**, y no en nada externo. Partiendo de este principio, tus esfuerzos deben concentrarse en **buscar dentro de ti aquella verdad** que conocías cuando eras niño.

En descubrir y **sacar fuera el tesoro de tu corazón**, para que puedas compartir con el mundo las maravillas que contiene. Poner estos dones y talentos al servicio de la humanidad, por medio del entrenamiento y el esfuerzo, te va a regalar una realización superior a la de cualquier otra gratificación que hayas podido experimentar en tu vida. Porque todo aquello que haces con la **intención de mejorar la vida de los demás**, te es compensado con creces por la Vida.

Recuerda que no hay separación entre Dios y tú, por lo tanto, todos los seres humanos estamos conectados a través de la energía universal que es el Amor y cuanto más aportas al conjunto de la humanidad, más felicidad y prosperidad llega a tu vida.

Al conectar con esa energía que llevas dentro, **eres capaz de ver la vida con nuevos ojos,** y por lo tanto cambia tu percepción del mundo y las personas te parecen mejores.

En realidad, eres tú el que ha cambiado y **proyectas tu luz en todos los demás**, y el reflejo que ves en ellos, en realidad, es tu esencia pura. Al haber elevado tu conciencia, **inspiras a los demás** a hacer lo mismo con su vida, especialmente a tus hijos, que toman como referencia el modelo de perseguir sus sueños y no rendirse nunca, aunque el viento les sople en contra.

Una vez que has identificado **tu misión en esta vida**, debes trazar un **plan de acción**, para llevarla a cabo. Es fundamental que sepas distinguir si tu deseo es auténtico, o si está influenciado por alguna de tus creencias. Después tienes que ponerte manos a la obra, y **aprender a gestionar bien tu tiempo**, para poder dedicar una horas al día a aquello que te apasiona, ya que si no nutres tu sueño, no crecerá, se quedará siendo simplemente un deseo y nunca podrá hacerse realidad. Cuando aprendas a organizarte bien, valorándote de verdad, podrás hacer cosas que no hubieras imaginado nunca y empezarás a dar un significado a tus días, disfrutando cada instante de tu vida, porque finalmente estás enfocado en tu propósito.

"La mayor satisfacción que puedes experimentar es cerrar los ojos por la noche pensando que hiciste todo lo que estaba en tu mano para mejorar tu vida y la de los demás"

Teresa Vitaller Gonzalo

Te agradezco desde lo más profundo de mi ser que me hayas permitido guiarte en este trayecto de autodescubrimiento. Que hayas confiado en mí y que hayas soltado muchas de las creencias que te tenían atado a una vida que no era tuya en realidad.

Te puedo asegurar, que todo lo que llegará a tu vida a partir de ahora no va a ser menos de lo que te mereces. Porque **ahora te das el valor que tienes**, y no esperas el reconocimiento del mundo para ser feliz. Sabes que la felicidad es una decisión que haces de manera consciente, regalando a los demás gratuitamente tu amor, por medio de tu contribución en el mundo.

Durante el camino que vas a iniciar, recuerda siempre esto:

- ✓ **No te alejes de tu verdadera esencia** y no te dejes influenciar por personas negativas que quieran absorber tu energía y tu luz.

- ✓ **Rodéate de personas que compartan tu visión** de la vida y ayudaros a crecer mutuamente.

- ✓ **Pasa tiempo en la naturaleza** para conectar con tu esencia cuando te sientas cansado o estresado.

- ✓ **No critiques bajo ningún concepto a nadie**, porque con la vara que mides, serás medido. No está justificado en ningún caso y cuando despiertas del sueño inconsciente del ego, lo ves con total claridad.

- ✓ **Celebra la vida todos los días. CANTA, BAILA, RIE.** Cuando estés de mal humor, pon esa canción que tanto te gusta a todo volumen y cántala con todo tu ser. Verás como te tranquilizarás y la energía positiva empieza a brotar de tu interior.

- ✓ **Construye maravillosos recuerdos con tu familia**, porque cuando miréis hacia atrás, será lo más valioso que os quede. Viajad, cocinad de vez un cuando un pastel juntos, pasad un rato los domingos por la mañana bajo la cubierta, simplemente disfrutando del calor de vuestros cuerpos.

- ✓ **Disfruta de tu relación de pareja** y dedicaros tiempo para estar a solas al menos una vez a la semana. No dejes que las responsabilidades os hagan perder vuestra unión. Es imprescindible que los niños sepan que sus padres se aman y son felices juntos.

- ✓ **Abraza a tus hijos y díles lo mucho que les amas** siempre que tengas ocasión. No escatimes nunca en demostrarles tu amor. Tranquilo, por eso no van a crecer como "niños malcriados", al contrario, dispondrán de una mayor autoestima, y por tanto serán más respetuosos con los demás.

- ✓ **Juega cada día con tus hijos**, disfrazaros, bailad, soñad despiertos, haced excursiones… Crea momentos inolvidables y vive cada momento junto a ellos con intensidad.

- ✓ **Descansa lo suficiente por la noche**, y sobre todo no te cargues de demasiadas obligaciones cada día; aprende a discernir lo que es importante de lo que es urgente y no te culpes por no haber hecho todo lo que te habías propuesto. Poco a poco irás aprendiendo a gestionar mejor tu tiempo e introduciendo nuevos hábitos en tu rutina.

- ✓ **Dedica algo de tiempo a diario para la actividad física** y la meditación, te ayudan a recuperar tu equilibrio emocional y a despejar la mente, para poder tomar mejores decisiones.

- ✓ **Aliméntate bien y cuida tu cuerpo**. Presta mucha atención a lo que dejas que entre en tu organismo, no solo en forma de alimentos, sino a nivel de pensamientos, hábitos, compañía... Somos el resultado de lo que pensamos, vivimos y comemos. Todo lo que ocurre a tu alrededor te influye de una manera u otra, así que aprende a seleccionar aquello que te hace bien, y a desechar lo que te hace daño.

✓ **Explora el mundo, expande tus horizontes.** Nunca es tarde para hacer ese viaje que siempre habías soñado, o para aprender de una vez por todas ese idioma que se te resiste.

En definitiva, mi mensaje es que **disfrutes la vida al máximo en toda forma**, porque si tenemos un cuerpo humano y estamos en un plano material, es por un motivo, y por lo tanto debemos ser agradecidos por ello, honrando a la Vida, convirtiéndonos en nuestra mejor versión y aprovechando todo aquello que nos hace disfrutar.

No es ser superficial, ya que evolucionar espiritualmente no significa prescindir de la abundancia material como algunos han hecho creer, sino que es una parte más de la evolución humana.

Al progresar en todas las áreas de tu vida, estando desapegado del resultado y enfocado en un propósito superior, evolucionas como ser humano, y por tanto también espiritualmente, porque está todo unido, no hay separación.

El secreto consiste en no aferrarse demasiado a ninguna de estas cosas materiales y dejar ir todo aquello que no te pertenece, ya sean relaciones, objetos materiales o personas.

Disfruta todo lo que puedas de cada experiencia, pero no te conviertas en un esclavo de ellas. Acepta que nada dura eternamente y que antes o después las cosas se terminan.

De esta forma vivirás mucho mejor, y sufrirás menos desilusiones, al no crear expectativas sobre ninguna persona o situación.

Quédate con lo bueno de cada vivencia, y utilízalo para evolucionar y ayudar a otras personas a mejorar también su vida, empezando por la de tus hijos.

Sé el ejemplo viviente de la felicidad, y tus hijos no podrán no serlo en su vida futura. Porque la felicidad se contagia, se aprende. Es un modelo mental, no un estado emocional.

Las emociones son variables, y dependen de innumerables factores. Si pones tu felicidad en manos de los sentimientos, serás como un corcho flotando en medio del mar, ya que nunca podrás decidir hacia dónde dirigirte de manera consciente.

Sin embargo, cuando asumes que ser feliz es un estilo de vida, a pesar de lo que ocurra y aún no alcanzando los objetivos marcados, puedes decidir libremente tu destino, porque dejas de ser un esclavo de las circunstancias.

Este legado, querido lector, es el tesoro más preciado que dejarás en herencia a tus hijos. No importan los bienes materiales, la riqueza que hayas podido acumular en tu vida o el nivel cultural que les brindes.

Si eres capaz de transmitirles esta manera de pensar, podrán triunfar en la vida. Y por triunfar no entiendo ser famosos o personas influyentes, sino ser personas libres de decidir su destino, con la autoestima y el amor propio suficientes como para construir su vida de la manera que su corazón les indique.

Haz que tu vida merezca la pena, deja de poner fechas para decidirte a perseguir tus sueños. Ahora ya sabes que **no necesitas estar preparado, sino convencido de ello**. Nadie que haya conseguido una vida extraordinaria tenía la certeza de que sería así.

Siempre habrá algo que te haga dudar y que te impida tomar acción. No lo aplaces más, sal hoy a jugar el partido de tu vida.

La felicidad está llamando a tu puerta desde hace tiempo, pero has tenido miedo de abrirla hasta ahora. Deja de dudar y abraza la Vida con todo lo bueno que hay esperando para ti.

Ama, respeta, perdona. VUELA...

Y desde arriba enseña a volar a los tuyos....

Te amo.

Teresa.

CUANDO ENCONTRÉ MI CAMINO

Como te conté, en mi vida hubo muchos momentos de dificultad y soledad. A un cierto punto, estaba cansada de estar inmersa en ese estado, y necesitaba cambiar totalmente mi visión de la vida para recuperar ese entusiasmo que había perdido hace tiempo.

En ese momento, y tras meses de búsqueda, apareció en mi vida Lain Garcia Calvo con "La voz de tu alma", porque "cuando el alumno está preparado, aparece el maestro"

Empecé a entender que todo lo que me había pasado, lo había creado yo, de manera inconsciente, y por fin dejé de justificarme, para pasar a la acción.

Si quieres un cambio definitivo en tu vida y en tu forma de pensar, tienes que leer "La voz de tu alma", ya que este libro transforma a todo aquel que lo lee, estando abierto al cambio.

Te puedo decir solamente, que desde que comencé a leer los libros de Lain, mi vida empezó a transformarse rápidamente, mejoró mi autoestima, mis relaciones y mi trabajo. Me dio el impulso que necesitaba para atreverme a perseguir mi sueño y escribir esta trilogía, para poder ayudar a personas como tú.

Nunca tendré suficientes palabras de agradecimiento con mi mentor, persona humilde y ejemplo de superación personal.

Todo lo que ha conseguido en su vida ha sido fruto del esfuerzo y la dedicación. Si te dejas guiar por él, también va a mejorar tu vida y la de tu familia. No lo dudes, lee "La voz de tu alma" y nada volverá a ser igual.

Gracias Lain por tan importante y noble contribución en el mundo.

¿QUIERES AYUDARME A CREAR UN MUNDO MEJOR?

Si es así te pido que recomiendes este libro a aquellas personas que necesitan una nueva visión en su vida y conviértete en precursor del movimiento de padres y madres conscientes, de esta manera entre todos podremos dejar a las futuras generaciones un legado de libertad, esperanza y respeto.

No importan todos los bienes materiales que puedas dejar a tus hijos en esta vida, lo que realmente les va a marcar es la mentalidad que les proporciones durante su desarrollo.

Porque cuando despeguen el vuelo, tendrán los recursos necesarios como para tomar las decisiones adecuadas y afrontar con éxito todos los retos que la vida les ponga por delante.

Si lo deseas, puedes hacer una foto de cualquier página de la trilogía y subirla a tus redes sociales para poder difundir el mensaje a más personas.

Del mismo modo, me encantaría que me escribieras un correo y me contaras tus impresiones o me expusieras tus dudas, estaré encantada de contestarte: teresavitallergonzalo@gmail.com

No obstante, en mi página web y mis redes sociales vas a encontrar mucha más información adicional que te puede ayudar a seguir mejorando vuestra vida.

Sígueme:

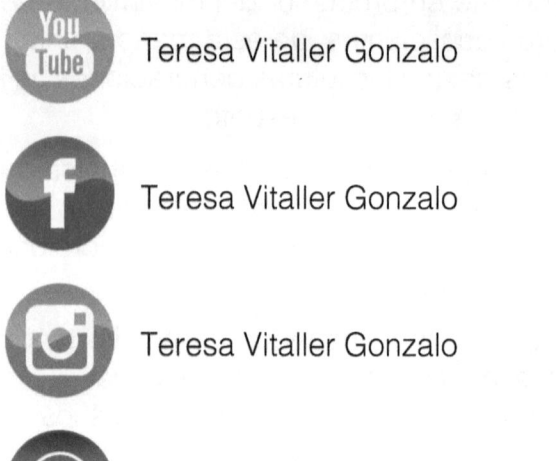

Teresa Vitaller Gonzalo

Teresa Vitaller Gonzalo

Teresa Vitaller Gonzalo

www.teresavitallergonzalo.com

Si te gustan los post que encontrarás en mi blog, te agradecería enormemente que me dejaras un comentario, para poder tener más información sobre los temas que te puedan interesar.

NO OLVIDES NUNCA:

LA FELICIDAD NO ESTA FUERA, SINO DENTRO, POR LO TANTO NO DEPENDE DE LO QUE TIENES, SINO DE LO QUE ERES.

INFINITAS GRACIAS POR TODO. ¡TE AMO!

¿QUÉ PUEDES HACER AHORA?

CONTINÚA LA LECTURA DE LA TRILOGIA

Si deseas tener una sesión privada conmigo, mándame un correo a teresavitallergonzalo@gmail.com y me pondré en contacto contigo para concertar una cita.

www.ingramcontent.com/pod-product-compliance
Lightning Source LLC
Chambersburg PA
CBHW022004160426
43197CB00007B/264